B2 C1 — **AVANCÉ**

Nicole Blondeau
Université Paris VIII

Ferroudja Allouache
Professeur de lettres
modernes et de FLE

LITTÉRATURE PROGRESSIVE DU FRANÇAIS

CORRIGÉS

Avec 600 activités

Direction éditoriale : Michèle Grandmangin
Édition : Bernard Delcord
Couverture : Miz'enpage
Mise en pages : CGI

© CLE International/SEJER 2019
ISBN : 978-209-035182-8

AVANT-PROPOS

Un enseignement de langue qui ferait l'impasse sur la littérature me paraît être un barbarisme (Harald Weinrich).

Cet ouvrage, à un niveau avancé, réinstaure la littérature parmi les supports d'apprentissage de langue et de culture étrangères. Ce n'est pas une place en soi ni à part qui lui est accordée, mais une place légitime parmi tous les discours socialement produits servant de matériaux pédagogiques.

Spécificité de la littérature : À la différence de certains documents authentiques, le texte littéraire n'est pas périssable. S'y expriment les aspirations pérennes des humains, échos se répondant de siècle en siècle, l'expérience subjective du monde, le rapport singulier au langage, aux savoirs constitués, aux codes sociaux, aux représentations des autres et de soi-même. C'est l'un des moyens d'accès à la compréhension de formes culturelles différentes. L'autre spécificité du texte littéraire est sa littérarité, c'est-à-dire le fait qu'il supporte une multiplicité d'interprétations (ce qui ne signifie pas que toute interprétation soit possible !) À chacun de l'investir en fonction de ses compétences culturelles, linguistiques, de ses pratiques de lecture, de sa sensibilité et de sa fantaisie. C'est dans la littérature aussi que se révèlent les infinies potentialités de la langue.

Le niveau : l'ouvrage s'adresse à un public d'étudiants ayant suivi 200 à 250 heures d'enseignement de français.

Les textes : ils appartiennent, pour la plupart, au patrimoine littéraire français, concernent tous les genres et sont connus de la majorité des élèves parvenus à la fin du lycée. Ce sont des « classiques ». D'autres font partie de la littérature francophone ; d'autres encore témoignent d'évolutions récentes de l'écriture romanesque.

Le corrigé :
C'est un guide pour l'utilisateur et non une référence absolue.

Nos choix :

– Nous avons féminisé quelques noms (*auteure, écrivaine, professeure*), comme le Québec le fait déjà depuis de nombreuses années.

– Aucun passage n'a été éliminé à l'intérieur des extraits choisis.

– Nous n'avons pas donné de titre aux extraits : choisir un titre, c'est déjà imposer une orientation de lecture. Pour les poèmes sans titre, nous avons adopté le premier vers. Dans ce cas, aucun travail n'est demandé sur « le titre » retenu.

– Les numéros de siècle sont écrits en chiffres romains, comme dans toute anthologie de littérature.

– Dans la partie « Pour mieux comprendre », l'explication des mots est souvent celle qui est portée par le texte. La dimension polysémique est donnée quand le texte l'impose (F. Ponge, Baudelaire…).

– Aucun exercice de grammaire ou de vocabulaire n'accompagne les activités pédagogiques. La littérature n'est pas un prétexte à ce type de travail. La norme grammaticale est parfois impuissante à exprimer une pensée singulière : l'auteur joue souvent sur les écarts par rapport aux modèles. En revanche, la grammaire et le lexique sont interrogés lorsqu'ils révèlent une intention particulière de l'auteur, participant ainsi de la spécificité du texte.

Nos présupposés pédagogiques :

– Le premier concerne la nécessité de prendre conscience de l'idée que nous, enseignants, nous nous faisons de la littérature. À quel degré, dans la hiérarchie des disciplines scolaires, la plaçons-nous ? Comment sommes-nous parvenus à cette sensibilité aux textes, qui nous semble désormais spontanée ? Le rapport aux objets culturels est socialement construit. Il n'y a pas de sensibilité innée à la beauté de la littérature. La culture cultivée s'acquiert par apprentissage. Les nombreuses médiations, explicitations, mises en lien et en perspective donnent la clé du code d'accès à une compréhension pertinente de l'œuvre. C'est le rôle des enseignants de transmettre cette clé. Il s'agit donc de désacraliser la littérature, en particulier pour tous ceux qui ne se sentent pas autorisés à la fréquenter. Mais désacraliser ne signifie pas banaliser car aucun texte littéraire n'est réductible à un tract politique, une recette de cuisine ou une publicité.

– Le second point concerne ce que nous attendons des étudiants. Nous connaissons « le sens » du texte, ou du moins nous savons quel sens lui est généralement accordé. C'est ce sens que nous voulons transmettre, que nous voulons que les étudiants atteignent. Or, pour celui qui apprend, le sens ne se donne pas, il se construit, s'élabore par tâtonnements successifs, en liant les indices, en croisant les données, en s'engageant sur de fausses pistes, qui, même si elles nous semblent erronées, n'en sont pas moins des traces de cette élaboration de sens. C'est un passage obligé avant de parvenir à s'approprier le texte.

– Le troisième point intéresse les objectifs assignés, plus ou moins consciemment, à l'utilisation du texte littéraire en classe de langue : ils visent soit l'enseignement de la littérature (et alors la focalisation se fait sur le sens, les idées, les figures rhétoriques...), soit l'enseignement de la langue (et dans ce cas, la focalisation se fait sur le vocabulaire, la grammaire...) Pour nous, le texte littéraire est un support d'apprentissages multiples où les opérations discursives qui l'ordonnent, l'organisation sémantique et grammaticale, la prosodie... produisent un discours unique qui doit être saisi dans sa singularité. Le travail proposé dans ce manuel accompagne l'étudiant dans la reconnaissance de cette singularité, dans la construction de sens plutôt que la recherche d'un sens. À des degrés divers, ce sont les différentes composantes de l'écrit qui vont être interrogées, mobilisées et non une en particulier.

Notre pacte pédagogique :

– Faire confiance aux étudiants : même si leur niveau de langue n'est pas encore adapté aux difficultés des textes, leur expérience du monde, leurs compétences de lecteurs en langue maternelle sont transférables à l'écrit étranger. Le texte préserve ainsi « ses droits » et l'étudiant, son statut de lecteur. Il ne s'agit pas d'attendre que l'apprenant atteigne un niveau de maîtrise de la langue lui permettant de comprendre immédiatement le texte : ce dernier sert aussi à développer des compétences de compréhension et d'expression.

– Mettre les étudiants en confiance : des questions rituelles d'observation, de repérage, de reconnaissance des genres, d'incitation à émettre des hypothèses, à imaginer une histoire permettent en général au lecteur étranger de répondre, d'avoir « quelque chose à dire ». Il est déjà « en prise » avec le texte.

– Accepter la paraphrase (comme nous le faisons dans certaines questions), qui est un indice de l'appropriation du texte par l'étudiant.

– Accueillir les interprétations des étudiants sans les évaluer négativement même si elles ne correspondent pas à ce que le professeur attend. Elles témoignent de l'activité du récepteur qui s'accapare l'écrit. Les lectures insolites viennent parfois de prismes socio-culturels. Il s'agit d'analyser ces représentations pour opérer le passage à celles présentes dans le texte.

– Reconnaître les valeurs du passé simple, temps verbal utilisé dans de nombreux textes littéraires, sans qu'il soit nécessaire d'en apprendre les formes. La connaissance fine de la valeur des temps verbaux n'est pas un pré-requis. Elle se construit peu à peu, au cours de la fréquentation des textes.

Les objectifs :

– Ils visent l'amélioration de la langue (compréhension et expression), l'acquisition de connaissances littéraires, l'accès à une culture, la construction d'une perception esthétique.

– Ils s'attachent au développement de compétences lectorales.

– Ils permettent un travail sur la justification, l'explication.

– Ils favorisent l'expression et la confrontation des idées et des goûts.

– Ils ont pour ambition de donner le plaisir de lire.

Le texte littéraire est un espace à explorer, générateur de sensations, de réflexions sur soi, sur l'autre, sur la langue à maîtriser. C'est une approche sensible qui, dans un premier temps, est privilégiée : elle laisse la place aux réactions personnelles, à l'effet que le texte produit sur le lecteur ; elle diffère la recherche immédiate et parfois décourageante du sens, mais y participe de manière détournée. L'entrée dans l'écrit est ensuite cadrée par des « procédures réglées ».

La progression :

Elle est laissée à l'appréciation des enseignants et ne dépend pas de la présentation chronologique. Le choix d'un texte doit tenir compte des étudiants, de leur âge, de leurs intérêts aussi et ne repose pas uniquement sur leurs acquis linguistiques.

La démarche :

Axes généraux :

La démarche est ancrée dans le texte et dépend de lui : il n'y a donc pas de démarche systématique. Cependant, des axes peuvent être dégagés :

– Il s'agit de privilégier la découverte, l'interrogation, la réflexion. Ce n'est pas une compréhension parfaite qui est visée mais il n'est pas non plus question que de compréhension globale, puisque des faits de langue, des écarts par rapport à la norme, des mouvements discursifs ou des jeux poétiques sont analysés.

– La première lecture doit être silencieuse : l'étudiant est seul face aux bruissements du texte.

Il est important de lui laisser le temps de ressentir l'effet que produit l'écrit. Il n'y a pas d'obligation de respecter une lecture linéaire : elle peut être vagabonde, s'accrocher à des mots, des fragments qui font naître des sensations, des images, des questions. L'étudiant peut balayer l'aire scripturale, récolter ce qu'il peut ou ce qu'il veut pour construire son propre parcours de lecture.

– La lecture de la biographie n'est pas le premier passage obligé. Mieux vaut choisir, d'emblée, le texte et son entourage, afin de ne pas induire d'interprétations en fonction des éléments biographiques. Cependant, certaines questions portent sur les biographies ou sur la présentation des siècles afin que les lecteurs retrouvent des références, des renseignements socio-culturels éclairant les textes.

– Lorsqu'arrive le moment de la mise en commun des réactions face au texte, les interactions dans la classe participent à l'élaboration des sens pluriels du texte.

Accompagnement pédagogique :

Première étape : découverte

C'est la première rencontre avec le texte. Elle peut se faire sans le lire, seulement en regardant sa composition, la typographie, la ponctuation, les fractures, les entailles, ce qui rompt avec la linéarité du continuum linguistique, en repérant des fragments. L'image du texte, son organisation, est porteuse de sens. Élaborer des hypothèses sur le genre d'écrit proposé, sur ses thèmes possibles, sur l'intrigue, c'est créer un horizon de lecture, une attente. Le travail sur le paratexte est important : les indices qu'il livre apportent des éléments de reconnaissance, orientent la lecture, ancrent l'œuvre dans un contexte.

Cette première étape s'effectue principalement à l'oral. Le travail en groupe peut se révéler efficace et stimulant.

Deuxième étape : exploration

C'est la confrontation avec le texte.

– Les tâches à effectuer : « repérer, observer, noter, relever, souligner » rendent l'élève actif face à l'écrit. Il n'attend pas que le sens se donne (ou que l'enseignant le lui suggère), il l'élabore par tâtonnements, en liant les indices, en croisant les données. Ces tâches ne se réduisent pas à des mécanismes, mais aident à construire du sens. On ne relève pas un seul mot, mais aussi son entourage, même si celui-ci ne fait pas l'objet d'interrogation. On est déjà dans la lecture.

– Pour faciliter la compréhension, des termes sont expliqués dans les questions elles-mêmes. Des reformulations élucident certains passages jugés difficiles. Notre volonté est d'accompagner l'étudiant dans sa lecture et non de le mettre en difficulté afin que la littérature reste ce qu'elle est : un plaisir.

– Le texte littéraire est aussi un support de communication et un déclencheur de besoin de langage : les étudiants comprennent souvent ce qui est écrit mais ne disposent pas des formes linguistiques ni du vocabulaire pour exprimer leur pensée. Le fait que le professeur apporte ce dont ils ont besoin « en contexte » aide à l'expression et facilite la mémorisation.

– Le lecteur est sans cesse sollicité sur ce qu'il pense, ce qu'il ressent. En fonction du texte, des liens, des comparaisons sont établies avec sa culture.

– La dernière question articule généralement lecture et production ou propose une réflexion ouverte à partir du texte. Cette option n'est pas systématique. Quelquefois l'étudiant est renvoyé au silence du texte, à lui-même…

La littérature est un carrefour d'interculturalité : elle confronte le lecteur à des valeurs, des croyances qui ne lui sont pas toujours familières. Les voix contradictoires qui s'y expriment permettent d'échapper à l'enfermement d'une vision exclusive du monde. Cet ouvrage se veut donc aussi, pour l'étudiant, outil d'apprentissage d'une libre pensée.

Les auteures.

Marie de France (p. 12)

❶ Le texte est composé de deux parties (une longue et une courte) en vers, plus ou moins courts, dont certains commencent par une majuscule. La ponctuation est très présente. C'est un poème (ici, une fable).

❷ Le titre est *102 Fables* et son auteur est Marie de France, la première femme écrivaine de la littérature française. C'est une fable, un récit court en vers, qui contient une morale (la première partie est le récit, la seconde la morale).

❸ Le corbeau peut symboliser l'oiseau sauvage, qui porte peut-être malheur ; le renard est souvent associé à l'intelligence (on dit « rusé comme un renard »). Réponse libre. La Fontaine en a écrit une au XVIIe siècle.

❹ Réponse libre. Les différentes parties : 1) la présentation du lieu, du décor (vers 1-7), 2) l'intrusion d'un « personnage » et le bouleversement de la situation (vers 8-12), 3) la flatterie du renard (vers 13-19), 4) la réaction du corbeau (vers 21-28), 5) la morale (vers 29-34).

1 Il s'agit d'un corbeau qui se trouve devant la fenêtre d'un cellier (l'endroit où l'on conserve le vin, le fromage…). Il voit des fromages, il en prend un et repart.

2 « Sa proie » renvoie à « fromages » ; cela représente un butin, une prise importante pour l'oiseau.

3 Il rencontre le renard qui arrive brusquement (« survint ») ; le corbeau ne s'y attendait pas. Le renard est intéressé (« très désireux ») par le fromage, il veut avoir sa part. Pour ce faire, il va ruser, utiliser un moyen pour tromper le corbeau. Il est malin.

4 Les guillemets indiquent qu'il s'agit d'une prise de parole. Le renard s'adresse indirectement au corbeau, le désignant par le biais de périphrases et de la troisième personne : « cet oiseau, il, son chant…son corps, il vaudrait ». En le flattant (« quelle noblesse, n'a son pareil, beau, plus que de l'or fin »), il pense que le corbeau sera sensible à ses compliments et partagera son butin.

5 Les procédés stylistiques reposent sur l'exclamation marquant l'étonnement, l'émerveillement : « Ah ! Seigneur Dieu ! Quelle noblesse…., n'a son pareil !, si beau !), l'exagération dans l'emploi du lexique qui donne l'impression que cet oiseau est exceptionnel (« noblesse, de mes yeux, n'a son pareil »), le comparatif et l'adverbe d'intensité « si » (« plus que de l'or fin, de si beau »). Le renard est loquace, beau parleur, rusé ; par son discours mielleux, il désire piéger le corbeau. Il nous le présente comme un animal extraordinaire, magnifique, doté de toutes les qualités (il sait même chanter !).

6 Le corbeau se décide à chanter et ouvre le bec. Alors, le fromage « s'échappe », tombe de façon inévitable (« inéluctablement »). Le renard le prend aussitôt (« s'en emparer ») ; il cesse d'écouter le chant de l'oiseau puisqu'il a obtenu ce qu'il « convoitait » (voulait).

7 Elle parle des « orgueilleux », des personnes fières, arrogantes qui veulent devenir célèbres (« une grande renommée »). Elles obtiennent ce qu'elles désirent grâce aux gens qui les flattent, leur disent des mensonges, les confortent dans l'image avantageuse qu'elles se font d'elles-mêmes. Le défaut dénoncé est la vanité, l'orgueil. La morale est au présent de vérité générale car Marie de France énonce des vérités qui traversent les temps, encore valables aujourd'hui.

8 Production libre.

Chrétien de Troyes (p. 14)

❶ Ce passage est extrait de *Yvain ou le chevalier au lion.* Il est question d'Yvain, un chevalier, c'est-à-dire un homme qui fait partie de la noblesse, qui doit fidélité à son seigneur et est soumis à sa Dame. C'est l'association « chevalier au lion » qui est surprenante. Le lion n'est pas un animal que l'on rencontre dans les forêts de Bretagne ; qu'il soit lié à un chevalier est étonnant.

❷ Les aventures du roi Arthur viennent de légendes celtiques. Ces histoires se passaient vraisemblablement en Bretagne, nom de l'Angleterre jusqu'aux invasions anglo-saxonnes des Ve et VIe siècles. Elle était habitée par les Celtes, comme la région de l'actuelle Bretagne française. Les civilisations de ces deux pays étaient très proches.

❸ « Messire Yvain cheminait ». Il est songeur : « absorbé dans ses pensées ». Il avance « dans une forêt profonde ». Réponse libre.

❹ Le personnage entend « un cri de douleur perçant ». Réponses libres.

❺ Un lion et un serpent apparaissent. Le serpent attaque le lion.

1 Yvain « se dirigea vers l'endroit », une clairière, d'où venait le cri. Il voit « un lion aux prises…flamme ardente ». Ce spectacle est qualifié d'« extraordinaire », c'est-à-dire incroyable. On peut partager cette appréciation car la rencontre d'un lion et d'un serpent dans une forêt de Bretagne n'est pas banal ! De plus, c'est le serpent qui attaque le lion. Le reptile a une caractéristique fabuleuse : il crache le feu, comme un dragon.

2 Yvain se demande quel animal il aidera ; finalement, il se décide pour le lion car le serpent est un animal « venimeux et perfide », malfaisant. Dans le paragraphe 2, l'animal qu'il va aider est désigné par « le lion » et « la noble bête ». Il a la noblesse en commun avec le chevalier.

3 Les termes et fragments de phrases qui décrivent le serpent sont : « une flamme ardente » (il crache le feu) ; « venimeux » (il est rempli de poison et au sens figuré, il est plein de haine et de méchanceté) ; « perfide » (on ne peut pas lui faire confiance ; il est faux et méchant) ; « il est plein de malignité » (il cherche à faire du mal ; il est associé au diable) ; « une gueule plus large qu'une marmite » (sa gueule est totalement disproportionnée par rapport à celle d'un serpent ordinaire) ; « maléfique » (il est mauvais et a sans doute des pouvoirs magiques). La plupart de ces termes appartiennent au champ lexical du mal, du malin, du diable. Le serpent symbolise le mal, le diable et le combat d'Yvain est celui du bien contre le mal.

4 Dans la description du serpent, les répétitions insistent sur son caractère maléfique. On ne peut qu'avoir peur et détester cet animal. L'expression qui contient un comparatif de supériorité est : « une gueule plus large qu'une marmite ». La comparaison est plutôt drôle : l'extraordinaire grandeur de la gueule du serpent est comparée à une marmite, un chaudron, c'est-à-dire un ustensile de cuisine. Elle souligne le caractère monstrueux de l'animal qui appartient à l'univers fantastique, que l'on retrouve souvent dans les romans de Ch. de Troyes.

5 Les verbes d'action sont : il tire (son épée) ; s'avance ; il se porte à l'attaque ; il le tranche ; le coupe ; il frappe tant et plus ; s'acharne ; le découpe ; le met en pièces. Il y a neuf verbes d'action et chacun décrit une étape du combat. L'intensité de la lutte est marquée par : « il tranche jusqu'en terre » (qui montre la violence du coup d'épée), par la locution adverbiale d'intensité « tant et plus », par l'adverbe d'intensité « tellement », par la gradation des verbes « le coupe ; s'acharne ; le découpe » ainsi que par l'expression : « le met en pièces ». Ce passage appartient au genre épique.

6 L'imparfait et le passé composé situent le récit dans le passé. L'imparfait, employé une fois (« cheminait ») est le temps de l'arrière plan, duquel vont se détacher les différentes actions exprimées au passé simple. Dans la phrase « Or, le serpent (…) malignité », le

présent est un présent de vérité générale. Dans le passage de la lutte entre Yvain et le serpent, c'est un présent de narration, qui crée un effet de réel et donne au lecteur l'impression d'assister au combat.

7 À la fin du combat, Yvain est obligé de « couper un bout de la queue du lion ». La réaction de l'animal peut être violente. Production libre.

Marguerite de Navarre (p. 18)

❶ C'est Marguerite de Navarre, sœur du roi François 1er, qui a écrit ce poème. Réponse libre.
❷ Cette femme a vécu à l'époque de la Renaissance. Réponse libre.
❸ Le poème comporte dix vers : c'est un dizain. Les rimes s'organisent de la manière suivante : ababb/ccdcd.
❹ Le thème est l'amour. C'est un « je » qui parle, vraisemblablement la poétesse.

1 Les vers 1 et 3 commencent par l'adverbe « plus », signifiant ici « davantage », les vers 2 et 4 par la conjonction de coordination « car » introduisant une explication. Ces deux mots signalent un écrit argumentatif.

2 Plus la poétesse éprouve de l'amour, plus elle est triste car cet amour ne semble pas partagé, il n'y a pas de réponse en retour (« réciproque »). On ne sait pas de quel amour elle parle : ce peut être celui d'un homme ou celui de Dieu (M. de Navarre était très croyante).

3 Quand la poétesse se tait, elle ressent de la tristesse. Mais lorsqu'elle ne dit plus rien, sa mémoire lui rappelle (« me révoque ») ce qui la fait souffrir (« mes ennuis »). La mémoire est une source de souffrance.

4 La poétesse se « moque », rit de ses « ennuis » devant tout le monde (« devant chacun »), c'est-à-dire ses amis et la société qu'elle fréquente : la cour, les personnes proches du pouvoir royal. Sans doute ne veut-elle pas que l'on connaisse sa souffrance, ou alors respecte-t-elle l'étiquette de la cour qui impose de paraître toujours aimable, joyeux, souriant. Les deux réponses sont pertinentes.

5 La poétesse constate qu'elle accepte (« me consens ») son malheur en n'en parlant pas (« celant »). « En le celant » renvoie à « je me tais » (vers 3). Les sonorités en [m] sont les plus répétées ; elles se rencontrent exclusivement au vers 7, dans les mots suivants : « mon ; malheur ; moi-même ; me ». Les effets recherchés se trouvent au niveau de la musicalité, fluide, mélodieuse et au niveau du sens : la plupart des mots dans lesquels s'entend le son [m] signifient une centration sur le « moi », le « je ».

6 Les mots des vers 1 et 3 qui rappellent « douleur » sont « fâcherie » et « marrie ». La conclusion à laquelle parvient la poétesse est la suivante : pour ne plus souffrir, elle parlera (c'est-à-dire qu'elle parlera de sa souffrance) mais elle n'aimera plus, son amour cessera. Cette conclusion renvoie au vers 3. Les mots grammaticaux qui construisent le raisonnement sont : « Plus ; car ; par quoi ; donc, que ; mais ». La poésie est argumentative, rhétorique ; elle permet d'exposer et de résoudre un problème, personnel, existentiel.

7 Il n'y a ni image ni métaphore. La poésie repose sur des structures binaires (Plus/plus ; vers 10), des parallélisme de construction (vers 1/3 ; 2/4), des répétitions, des rimes sémantiques (fâcherie/marrie) ainsi que sur l'argumentation.

8 Réponse libre.

Michel de Montaigne (p. 20)

❶ Ce passage est extrait des *Essais*, œuvre qui parle des expériences qu'a vécues Montaigne, qui présente ses réflexions, ses jugements. Réponse libre.

❷ C'est le livre I de l'œuvre de Montaigne qui est proposée. Elle comporte trois livres.

❸ Le thème est l'amitié.

❹ « Nous », ce sont les hommes en général, la pensée commune. Les mots qui renvoient à ce qui est habituel sont : « ordinairement ; accointances ; familiarités ». La forme restrictive qui annonce une opposition est : « ce ne sont qu' ».

❺ Dans l'amitié ordinaire, que l'on pourrait appeler camaraderie, les « âmes s'entretiennent », c'est-à-dire qu'elles sont liées l'une à l'autre. De toute évidence, pour Montaigne, l'amitié ordinaire n'est pas un sentiment ordinaire.

1   L'amitié entre Montaigne et La Boétie a duré cinq ans, jusqu'à la mort de ce dernier.

2   « Elles » remplace « âmes ». Dans l'amitié ordinaire, les âmes sont liées ; dans l'amitié entre Montaigne et La Boétie, « elles se mêlent et se confondent l'une l'autre », elles ne sont plus qu'une seule entité. Les âmes sont tellement mêlées qu'il est impossible de reconnaître le contour de l'une ou de l'autre, qu'il est impossible de déterminer l'endroit où l'une vient s'attacher, s'arrimer à l'autre : c'est l'image développée dans « elles effacent et ne retrouvent plus la couture qui les a jointes. ». L'expression qui résume cette amitié est : « d'un mélange si universel ».

3   Pour Montaigne, il est impossible de dire pourquoi il aimait La Boétie. Cependant, il répond : « Parce que c'était lui ; parce que c'était moi. ». Il n'y a pas d'explication dans la phrase de l'humaniste, mais seulement l'expression d'une évidence, d'une nécessité. Cette phrase peut exprimer l'amour.

4   Au-delà du jugement de l'auteur, de ce qu'il peut raisonnablement penser, il y a « une force inexplicable et fatale, médiatrice de cette union. ». L'expression synonyme est « par quelque ordonnance du ciel ». « Nous nous cherchions avant que de nous être vus » exprime la prédestination de cette amitié. Le sentiment entre les deux hommes défie la raison et est voulu par le destin.

5   Le fait que les gens parlent de La Boétie à Montaigne, ou vice versa, suffit à exalter les sentiments de celui qui écoute. Réponse libre.

6   « Nous nous embrassions par nos noms » illustre les propos précédents. Il suffisait d'entendre le nom de l'autre pour se sentir lié, uni à lui. La force du sentiment transcende la seule présence physique et l'évocation du nom de l'autre a le pouvoir d'une sorte d'incantation magique. Cette phrase peut être lue comme l'expression de l'amour.

7   Réponse libre.

Molière (p. 24)

❶ Il s'agit de Molière qui a écrit *L'école des femmes*, une pièce de théâtre (comédie). Réponse libre. Nous sommes à l'acte III, scène 2, c'est-à-dire vers le milieu de la pièce.

❷ Arnolphe est un vieux bourgeois. Il a choisi une fille pauvre, Agnès, alors qu'elle n'avait que 4 ans. Il l'a fait élever dans un couvent, dans l'ignorance totale (en fait par peur d'être trompé). Elle a désormais 17 ans et a rencontré un jeune homme, Horace. Réponse libre.

❸ C'est Arnolphe qui parle à Agnès. La didascalie indique que le personnage est assis. Ce moment s'appelle une tirade.

❹ Il s'agit du mariage. Pour Arnolphe, le mariage « n'est pas un badinage », ce n'est pas un amusement, une chose légère.

1. Le rang de femme impose (« engage ») des devoirs difficiles (« austères »). Pour Arnolphe, la femme (« Votre sexe ») « n'est là que pour la dépendance » : son destin est marqué par la soumission, l'absence de liberté, mais aussi de joie, de bonheur.

2. Au XVIIe siècle, « libertine » signifie libre, qui n'obéit pas aux lois sociales et morales. Arnolphe reproche à Agnès d'être libertine, de se conduire librement, ce qui lui est insupportable, surtout venant d'une femme qu'il va épouser. Il lui reproche de « prendre du bon temps. », or Agnès est très jeune et a sans doute envie de s'amuser. C'est un homme autoritaire, tyrannique, enfermé dans sa vision rétrograde des femmes et du mariage.

3. Pour Arnolphe, l'homme et la femme sont les « deux moitiés de la société » ; cependant, ces deux moitiés ne sont pas égales (« n'ont point d'égalité »), tout les oppose : l'homme (« Du côté de la barbe ») est tout puissant, supérieur (« suprême »), il gouverne, alors que la femme est « subalterne » (inférieure, donc dépendante) et soumise. Sa vision du monde est manichéenne, étriquée et fortement hiérarchisée en ce qui concerne les deux sexes. L'argumentation repose sur les parallélismes de construction qui s'articulent sur les oppositions de vers à vers : (vers 5-6 : « votre sexe (…) **dépendance** /Du côté (…) **puissance** ») et à l'intérieur d'un même vers : « L'une est moitié **suprême**// et l'autre **subalterne** », « L'une en tout est **soumise**//à l'autre qui **gouverne** ». L'opposition se retrouve dans le lexique (« suprême/ subalterne ; est soumise/gouverne »).

4. Il prend l'exemple du soldat, du valet, de l'enfant, du frère qui, tous, obéissent à un supérieur ou à un adulte. Chaque exemple souligne la situation subalterne, le respect face à l'autorité. Réponse libre.

5. « Obéissance, humilité, profond respect » sont, ici, synonymes de « docilité ». Ce sont ces quatre qualités que la femme doit incarner pour l'homme, « son mari, son chef, son seigneur et son maître. ». Arnolphe s'identifie bien sûr au mari qu'il sera prochainement, mais aussi à toutes les figures d'autorité. Il est tout-puissant. La femme est exactement le contraire : soldat, valet, enfant, frère. Elle ne fait qu'obéir aux ordres.

6. La femme doit « baisser les yeux » si le mari a sur elle « un regard sérieux » ; elle ne doit jamais (« n'oser jamais ») le regarder en face même s'il lui fait l'honneur (« il veut faire grâce ») « d'un regard doux ». Pour Arnolphe, les femmes « d'aujourd'hui » ne comprennent pas (« n'entendent pas ») qu'il faille respecter cette attitude de soumission (vers 23). Elles refusent cette subordination, cette servilité. Il est dans la recherche d'un âge d'or, qui n'a jamais existé. Arnolphe recommande à Agnès de ne pas imiter « ces coquettes vilaines » ni de « se laisser prendre aux assauts du malin », c'est-à-dire de se laisser séduire par Horace, le « jeune blondin ». Il a peur qu'Agnès le trompe.

7. « Les coquettes vilaines » sont les libertines, les femmes libres, qui cherchent à plaire aux hommes, qui s'écartent des normes et dont toute la ville parle (« chante les fredaines »). Arnolphe est sensible au regard des autres, au jugement de ses concitoyens. En fait, il est très peu sûr de lui et souffre d'une jalousie maladive.

8. Réponse libre.

Blaise Pascal (p. 26)

❶ Ce passage est extrait des *Pensées*. Réponse libre.

❷ C'est la monarchie absolue, de droit divin. Louis XIV règne sur la France. Le roi est tout puissant.

❸ Le texte est composé de cinq paragraphes inégaux, surmonté du titre : « Justice, force ». Le chiffre en haut est un système de classement des *Pensées*. Des éditions différentes donnent d'autres numérotations pour cette « pensée ».

❹ Les deux mots sont souvent antagonistes. La « justice » peut relever du système de gouvernement, des rapports entre les hommes ; la « force » renvoie à l'imposition du plus fort sur le plus faible, à l'injustice, la violence…

1. Le paragraphe 1 est composé de deux phrases construites en parallèle. Les notions mises en parallèle par Pascal sont « la justice » et « la force ». Pour lui, il est équitable, légitime (« juste ») « que ce qui est juste soit suivi », c'est-à-dire respecté. En ce qui concerne la force, il est inévitable, obligé, qu'elle soit « respectée » : il est impossible de faire autrement.

2. Les mots « justice » et « force » sont employés chacun huit fois. Les deux mots apparaissent le même nombre de fois.

3. Lorsque la justice s'exerce sans la force, elle est contestée, elle n'est pas respectée. Lorsque la force s'exerce sans la justice, elle aussi est remise en cause, contestée. Réponses libres.

4. Pour Pascal, il faut que la justice et la force fonctionnent ensemble et pour que cela se produise, il faut que la justice soit forte et que la force soit juste. Les mots de liaison qui construisent la logique de cette partie sont : la locution conjonctive « parce qu'il », qui introduit une cause, la conjonction de coordination « donc », qui amène une conséquence, la locution prépositive « pour cela » qui annonce l'intention, le but et la conjonction de coordination « ou » qui pose une alternative.

5. La notion de justice varie en fonction de ceux qui l'édictent : au XVIIe siècle, la justice selon le pouvoir royal ou la noblesse était vraisemblablement vécue comme injustice pour les paysans, les ouvriers, voire la bourgeoisie. Dans certaines sociétés, ce qui est « juste » pour les hommes est parfaitement injuste pour les femmes. La justice repose sur des principes philosophiques et éthiques qui transcendent les particularismes d'appartenances sociales, sexuelles, religieuses. Elle fait appel aux droits fondamentaux des humains. Il faudrait donc que tout le monde accepte ces droits fondamentaux, sans parti pris d'aucune sorte, ce qui semble particulièrement difficile. La force n'est pas soumise à discussion (« sans dispute ») : elle s'impose d'elle-même et chacun la reconnaît.

6. « on n'a pas pu donner la force à la justice » parce que la force a toujours contesté (« contredit ») la justice. La force a dit que la justice était injuste. Dans ce cas, c'est la force qui devient « juste » parce que la force s'impose d'elle-même. Réponses libres.

7. Les mots de liaison au début du dernier paragraphe sont « Et ainsi » ; la conjonction de coordination « et » relie ce qui précède à ce qui va être dit, l'adverbe « ainsi » annonce la manière dont les choses vont se passer. Pascal constate qu'il a été impossible de faire en sorte que la justice soit forte : « ne pouvant faire que ce qui est juste fût fort ». À partir de cette réalité, « on » a fait en sorte que la force devienne juste. La conclusion est soit pragmatique, soit désabusée. Ce qui est curieux dans cette phrase, c'est l'emploi de « on » : à qui ou à quoi l'auteur réfère t-il ? Pense-t-il à ceux qui détiennent le pouvoir, donc la force et qui perpétuent l'imposition de leur « force » sous les masques d'une certaine justice ou à ceux qui sont sans pouvoir et qui acceptent l'imposition de la force parée des attributs de la justice ? Dans un cas comme dans l'autre, l'ordre social se perpétue : les puissants préservent leurs privilèges et les dominés restent à leur place. La réponse reste libre !

8. Réponse libre.

Madame de Sévigné (p. 28)

❶ Il s'agit d'une lettre : en haut, le destinataire (à monsieur de Coulanges), puis la date et le lieu où se trouve celui qui écrit (À Paris, …). En bas, on a aussi le titre *Lettres*, accompagné de la précision : lettre 19. Tous ces éléments renvoient à la correspondance.

❷ Mme de Sévigné, qui se trouve à Paris, écrit à monsieur de Coulanges (il est à Lyon avec sa femme). En 1670, c'est le roi Louis XIV qui gouverne.

❸ « Je m'en vais vous mander » : les pronoms sont « je » (Mme de Sévigné) et « vous » (le destinataire). « Mander » signifie faire savoir par lettre, écrire (ce mot n'est guère employé aujourd'hui).

1. Mme de Sévigné fait sans doute référence à un événement extraordinaire, mais elle ne dit pas lequel. Elle recourt à de nombreux adjectifs qualificatifs pris dans la structure « la plus + adjectif », qui est un superlatif exprimant le haut degré d'une qualité. On trouve 19 adjectifs, ce qui produit un effet d'exagération, d'accumulation (« la plus étonnante, la plus surprenante… »). Le foisonnement des mots traduit l'exubérance de Mme de Sévigné et la forte émotion que produit cet événement.

2. Les adjectifs de même sens, se rapportant au domaine de l'incroyable : étonnante, surprenante, étourdissante, merveilleuse, miraculeuse, inouïe, incroyable, extraordinaire, singulière ; de sens opposé : « grande/petite, rare/commune, éclatante/secrète ; de sens proche : éclatante, brillante, triomphante ». Mme de Sévigné cherche à transmettre le caractère incroyable, inattendu et paradoxal de l'événement.

3. Elle revient sur « une chose » (6 fois) sans pour autant que l'on sache de quoi il s'agit exactement. Elle veut susciter la curiosité chez son correspondant. À propos de cette « chose », on sait seulement qu'on n'en trouve « qu'un exemple dans les siècles passés » (elle est donc rare), qu'on ne peut pas la croire à Paris, encore moins à Lyon, qu'elle « fait crier miséricorde tout le monde » (la surprise mêlée de peur), qu'elle comble de joie (rend heureuses) Mme de Rohan et d'Hauterive, qu'elle se fera dimanche (le mot est répété) et pas lundi (précision ironique). La marquise maintient le suspense, excite la curiosité du lecteur. Le ton est allègre, joyeux, léger.

4. « Je ne puis me résoudre à la dire » indique qu'elle hésite encore à dévoiler l'événement. En échange, elle lui propose de « deviner », donc de se prêter à son jeu (en sachant qu'il s'agit d'une lettre et que monsieur de Coulanges ne peut en aucun cas « répondre » !).

5. L'expression signifie renoncer à deviner. Aujourd'hui, on dit « donner sa langue au chat ». M. de Lauzun se marie dimanche au Louvre (lieu hautement symbolique) ; mais l'information s'arrête là, la marquise n'en dit pas davantage ! Elle continue son jeu de devinette : « devinez qui ? Je vous le donne… ». À nouveau, elle entretient le suspense et joue avec la curiosité de son correspondant

6. C'est Mme de Coulanges qui suggère quelques réponses : « c'est Mme de la Vallière ; C'est donc Melle de Retz ? Vraiment (…) Melle Colbert, C'est assurément Melle de Créquy » et la marquise qui fait les réponses : « Point du tout/Point du tout/Encore moins/Vous n'y êtes pas ». Elle introduit un faux dialogue (tirets, points d'interrogations) qui donne l'impression d'entendre plusieurs voix ; le suspense demeure et le texte est vivant, amusant.

7. Les phrases qui rappellent « Il faut donc à la fin vous le dire » sont : « Je ne puis me résoudre à la dire/Eh bien ! il faut donc vous la dire ». À peine la marquise reprend-elle les éléments déjà mentionnés (« il épouse dimanche au Louvre »), qu'elle continue son jeu : cette fois, il faut deviner le nom de la demoiselle. Elle énumère quatre noms qui appartiennent aux plus beaux partis du royaume pour aussitôt les réfuter. Les points de suspension, d'exclamation, les répétitions de « Mademoiselle » sans le nom de famille (Mademoiselle, Mademoiselle de…), les locutions phatiques (qui entretiennent

la communication : « par ma foi ! ma foi jurée ! ») alimentent le suspense. Enfin, la future mariée est nommée, mais pas immédiatement : Mme de Sévigné donne d'abord ses titres de noblesse, décline sa filiation, avant de la nommer et de signaler en dernier ce qui distingue Melle de Montpensier et fait que la nouvelle est extraordinaire : c'est la cousine germaine du Roi Louis XIV. La marquise utilise les exclamations, les points de suspension, et surtout la répétition ou la reprise sous forme de variations pour faire durer l'annonce d'un tel événement.

8 Production libre.

Jean Racine (p. 30)

❶ La disposition des noms des personnages et les vers indiquent que c'est un texte de théâtre.

❷ Les personnages sont Œnone, la confidente et Phèdre ; cette dernière renvoie au titre de l'œuvre, c'est le personnage principal.

❸ Œnone emploie de courtes phrases interrogatives : « Aimez-vous ? Pour qui ? Qui ? ». Elle veut absolument connaître l'objet du désir de Phèdre.

1 Phèdre répond qu'elle éprouve toutes les violences (« fureurs ») de l'amour. « fureurs » est un terme très fort qui exprime la violence de la passion.

2 « Fureurs » rime avec « horreurs », comme si cette passion était funeste, destructrice. Phèdre est consciente que cet amour est interdit. Non, elle ne prononce pas le nom de celui qu'elle aime, comme s'il lui était impossible de le dire, comme si elle avait peur. Elle utilise un détour « À ce nom fatal », dont l'adjectif rappelle un mauvais présage, envoyé par le destin et qui mène vers la mort. Les sentiments de Phèdre sont traduits par les points de suspension qui marquent l'hésitation, retardent l'annonce du nom d'Hippolyte et dramatisent la situation, par la polysémie des mots : « fatal, tremble, frissonne », peuvent aussi s'employer pour exprimer une passion permise.

3 Phèdre ne peut se résoudre à dire le nom : elle recourt à une périphrase qui indique la filiation « Tu connais ce fils de l'Amazone » et rappelle le comportement odieux et cruel elle a eu envers le jeune homme : « Ce prince (...) opprimé ». Œnone a compris, c'est Hippolyte, le fils de Thésée, donc le beau-fils de Phèdre. L'expression « Grands Dieux ! » rend compte de l'horreur de la situation : Phèdre a transgressé un tabou.

4 En disant « C'est toi qui l'as nommé. », Phèdre rejette toute responsabilité, pour elle c'est Œnone qui fait « l'aveu ». Elle continue à ne pas prononcer le nom d'Hippolyte. Œnone est catastrophée, horrifiée : son sang s'arrête de circuler, elle crie au désespoir, elle dénonce cet amour comme étant un crime. Par « race déplorable », elle rappelle le destin funeste de la mère et de la sœur de Phèdre : Pasiphaé a transgressé les lois humaines par son union contre-nature avec le taureau de Crète, Ariane a été aimée puis abandonnée par Thésée. Vénus, déesse de l'amour, a maudit les femmes de cette lignée.

5 Dans la réaction d'Œnone, on peut relever l'emploi presque systématique des exclamations qui montrent toute l'horreur qu'elle ressent face à cette situation, l'emploi de l'interjection « Ô » suivie d'un nom ou d'un groupe nominal marque l'emphase. Trois vers sur quatre n'ont pas de verbe et sont constitués de groupes de mots qui traduisent l'effet que produit « l'aveu » de Phèdre et la violence de sa réaction à une telle découverte.

6 Juste après son mariage, Phèdre constate que son bonheur, son repos étaient presque assurés (l'imparfait « semblaient être affermis » exprime la durée). « À peine » signifie « juste au moment », « peu après ». « Mon mal » désigne l'amour qu'elle a ressenti pour son beau-fils dès le début de son mariage.

7 De nouveau, Phèdre ne dit pas le nom d'Hippolyte : elle le nomme « mon superbe ennemi », expression ambivalente pour désigner l'objet de l'amour. « superbe » signifie à la fois la beauté et l'orgueil qui laisserait supposer que l'homme est resté hautain, distant avec elle. « Ennemi » évoque la guerre, l'adversaire qu'il faut vaincre. Le mot renvoie aussi à la situation familiale qui pose l'interdiction absolue de la passion de Phèdre : Hippolyte est le fils de Thésée qu'elle vient d'épouser. Elle est consciente de l'impossibilité de cet amour et de ses conséquences dévastatrices. C'est un abîme de souffrance qui s'ouvre à elle.

8 Dans son récit, Phèdre utilise d'abord le présent qui expose, fait le constat de la situation (« Mon mal vient de plus loin »), puis un plus-que-parfait (« je m'étais engagée ») qui exprime l'antériorité de l'action par rapport au moment de la prise de parole, et un imparfait (« semblait ») qui insiste sur l'idée de durée. Enfin une succession de passés simples marque une rupture dans la narration : « montra » annonce la circonstance de la rencontre et « vis/ rougis/ pâlis » décrivent les manifestations du coup foudre. Dans un seul vers, dont le rythme suit le mouvement : 3/3//6, Racine dépeint la folle passion de Phèdre, jouant sur l'assonance en [i] des trois verbes « vis, rougis, pâlis » et la répétition du pronom « je ».

Jean-Jacques Rousseau (p. 34)

❶ Ce texte est extrait du *Discours sur l'origine et les fondements de l'inégalité parmi les hommes*. Le genre littéraire s'appelle un « discours ». C'est l'analyse approfondie et méthodique d'un sujet. Le « discours » peut être oral ou écrit. Rousseau présente oralement sa réflexion devant l'Académie de Dijon, qui, effrayée par la hardiesse de la pensée remettant en question les bases de la société de l'époque, ne lui accorde pas le premier prix. Le *Discours* est publié en 1755.

❷ *L'Émile ou de l'éducation* et *Du Contrat social* sont condamnés par le Parlement de Paris et brûlés à Genève. Réponse libre.

❸ C'est un écrit argumentatif.

❹ C'est « je », Rousseau, qui parle. Le locuteur prend en charge son discours, s'y engage pour défendre ses idées. Il pense qu'il y a deux sortes d'inégalités dans l'Espèce humaine.

1 Il y a l'inégalité naturelle ou Physique et l'inégalité morale ou politique. La seconde inégalité renvoie à l'organisation sociale, basée sur les hiérarchies de naissance. Ceux qui sont nés puissants gouvernent ceux qui n'ont pas eu la chance d'une telle naissance. Cette inégalité est « autorisée par le consentement des hommes » car les dominants ont pris soin d'entretenir l'illusion que cet état des choses était « naturel », venait de Dieu. C'est un « consentement » qui n'a pas été décidé, mais imposé et qui est « autorisé », admis, parce qu'il n'en n'a jamais été autrement et que ce mode de fonctionnement n'a jamais été interrogé, pensé, remis en question. Rousseau fait sans doute allusion à la société française du XVIIIe siècle, où une monarchie absolue, de droit divin, impose sa loi.

2 L'inégalité politique, sociale est basée (« consiste dans ») sur les privilèges, c'est-à-dire des avantages que possèdent certaines personnes en raison de leur naissance (les nobles) ou de leur fonction (hommes d'Église et de Justice). Pour ces derniers, leurs fonctions dépendent souvent de leur naissance. Les privilèges sont inégalement partagés : quelques hommes en profitent et le plus grand nombre en est dépourvu, supporte cette injustice et en souffre. Les privilèges se retrouvent dans le fait d'être plus riches, plus honorés, plus puissants que les autres et de se faire obéir par ces derniers. Réponse libre.

3 L'explication de l'inégalité naturelle se trouve dans l'adjectif lui-même : les êtres humains naissent petits ou grands, beaux ou laids, certains jouissent d'une meilleure santé que d'autres… : c'est le premier argument avancé par Rousseau, déjà exemplifié au début du passage.

4 Pour Rousseau, il n'y a pas de « liaison », de relation « essentielle », naturelle, entre les deux inégalités. Si l'on établissait cette relation entre les deux inégalités, cela reviendrait à dire que ceux qui commandent sont plus estimables, plus respectables, plus honorables que ceux qui obéissent (c'est la première justification). Or ces personnes occupent des postes de commandement en raison de leur naissance et non de leurs qualités morales.

5 Comme pour la première justification, Rousseau poursuit son raisonnement par l'absurde : est-ce que la bonne santé, la force physique, la beauté du corps, l'intelligence (la force de l'esprit), la sagesse et la perfection morale (« la vertu ») se retrouvent toujours chez les mêmes, les Puissants et les Riches, justement parce qu'ils sont puissants et riches (ces hautes qualités ne se retrouvant pas chez les autres, les dominés et les pauvres, justement parce qu'ils sont pauvres et dominés) ? Le philosophe soulève en fait la question de la naturalisation du social : une capacité développée dans un environnement social et culturel propice est considérée comme un fait de nature, un don de la personne (par exemple, les jeunes nobles sont éduqués dans l'optique d'avoir un jour à commander ; on leur reconnaîtra le « don » de se faire obéir).

6 Le paragraphe 3 annonce le plan du *Discours*. L'interrogation est une fausse interrogation, une interrogation rhétorique : l'auteur veut susciter la curiosité de l'auditoire ou des lecteurs. Le « moment » que le philosophe choisit de montrer est celui où « le Droit succédant à la Violence, la Nature fut soumise à la Loi », c'est-à-dire le passage de l'« homme de la nature » (qui n'est pas une réalité historique pour Rousseau, mais une hypothèse de travail) à l'« homme de l'homme », l'homme social.

7 Vraisemblablement, le fort s'est décidé à aider le faible pour maintenir une forme de paix, pour ne plus être importuné par les demandes, les revendications, les luttes pour une vie meilleure de ce dernier. Le peuple « a acheté un repos en idée », c'est-à-dire qu'il a payé pour une idée de paix, mais pas pour la paix réelle, effective : le marché proposé par le fort n'est pas un véritable « contrat social », équitable et accepté par les deux parties, c'est un marché de dupes. Sous prétexte de protéger le faible, le fort édicte des lois qui entravent un peu plus le faible, qui assurent à chacun la propriété de ce qui lui appartient, mais comme le pauvre ne possède rien, le fort protège en fait ce qu'il possède sous couvert de la loi et préserve ainsi ses privilèges.

8 Réponse libre.

Denis Diderot (p. 36)

❶ *La religieuse.* Diderot s'est intéressé à la religion. Il a fait des études de théologie, est athée (voir la biographie) ; ce monde des couvents est sans doute un mystère qu'il faut faire découvrir au monde. Réponse libre.

❷ Suzanne Simonin, une jeune fille, a été forcée par ses parents à entrer dans un couvent, lieu où elle est maltraitée par d'autres religieuses. Elle a écrit à un avocat pour la libérer. Sa supérieure, une femme sévère, a appris la nouvelle. Elle est sans doute mécontente. (Les parents de Suzanne ont marié ses sœurs, mais comme ils prétendaient ne plus avoir d'argent, ils ont livré la jeune fille au couvent.)

❸ Suzanne n'a rien choisi librement : « sans réflexion et sans liberté ». Elle était trop jeune à l'époque où ses parents l'ont placée dans le couvent ; elle leur a obéi. Défenseur de la liberté, Diderot dénonce les injustices infligées aux êtres humains, l'autorité parentale qui abuse de son pouvoir et force les enfants à une vie qu'ils ne désirent pas, l'hypocrisie des religieux qui savent que certaines personnes entrent au couvent sous la contrainte et n'ont pas la vocation.

1. Suzanne commence par affirmer la primauté du sujet : « chacun a son caractère », sa personnalité. Elle cherche à faire comprendre à sa supérieure que le destin des individus est singulier, que la personnalité de chaque être humain est unique et donc que personne n'a de pouvoir sur personne.

2. Son raisonnement est construit sur la comparaison (le parallélisme) et l'opposition avec la supérieure : « vous aimez /je la hais ; vous avez reçu …/ elles me manquent toutes ; vous vous seriez perdue…/ j'espère me sauver dans le monde ; vous assurez ici votre salut /je me perdrais ici ». Le monde religieux n'est pas fait pour elle. Elle assure : « je suis et serai toujours une mauvaise religieuse ». Le présent « je suis » et le futur « serai » marquent la certitude, la conviction des propos. Elle veut obtenir sa liberté. Dans cette réplique, Diderot recourt à tous les procédés pour exprimer la révolte de Suzanne, l'horreur de la vie monastique, son injustice : l'antithèse (aimez/ hais ; vous avez reçu/ manquent ; perdue/ sauver ; la vie monastique/ dans le monde) ; l'accumulation (une seule phrase ponctuée par les points-virgules, des virgules) donne l'impression que Suzanne parle vite, sans contrôle ; la répétition /reprise indique une insistance (je/ vous) ; le parallélisme entre les deux personnages. Son raisonnement est rigoureux, ses arguments pertinents. Elle est courageuse, intelligente. Elle ne supporte plus la vie au couvent et l'affirme avec force. Réponse libre.

3. La supérieure est surprise, elle ne comprend pas car Suzanne remplit mieux que personne ses devoirs. La jeune fille lui rappelle que c'est contre son gré et avec peine qu'elle fait tout cela. Lorsque la supérieure lui dit « vous en méritez davantage. », Suzanne ne partage absolument pas son propos et rétorque « Personne ne peut savoir mieux que moi ce que je mérite », c'est-à-dire aucun être humain, pas même Dieu, ne peut savoir mieux qu'elle ce qu'elle mérite. Elle revendique la liberté de penser pour elle-même.

4. Diderot s'attaque à l'hypocrisie de la religion, qui cherche à garder les individus même si ceux-ci s'insurgent et clament qu'ils n'ont pas la vocation. Il dénonce aussi son pouvoir qui a prise sur les consciences et gouverne les plus faibles.

5. Pour Suzanne, la soumission n'est pas un mérite (la supérieure pense le contraire) puisque ce qu'elle fait ne relève pas de sa volonté mais d'une imposition. Elle ne supporte plus d'être hypocrite, d'accomplir tous les devoirs imposés par la vie monastique en faisant semblant d'y croire et peut-être de croire en Dieu. En observant les mêmes devoirs qu'elle, les autres religieuses sauvent leur âme, elle, au contraire, elle se « damne », elle se donne au diable, se destine à l'enfer.

6. Pour Suzanne, la vraie religieuse est celle qui est entrée dans le couvent par « goût pour la retraite », qui a librement choisi la vie hors du monde et qui serait prête à demeurer dans ce lieu s'il n'y avait plus ni murs, ni grilles pour l'empêcher de fuir (« celles qui sont retenues ici (…) qui y resteraient (…) retinssent »). Beaucoup de choses lui manquent pour qu'elle soit une vraie religieuse : son corps est au monastère, mais son cœur est « au dehors », tout le contraire de ce que demande le vœu monastique. Si elle pouvait choisir (« opter »), entre la mort et rester à tout jamais dans le couvent (« la clôture perpétuelle »), elle choisirait la mort. Puisqu'elle ne se résigne pas à la vie monastique, qu'elle n'a pas la vocation, on peut dire qu'aucun autre choix n'existe pour elle.

7. Suzanne construit une argumentation rigoureuse. Diderot utilise des affirmations qui mettent la religieuse en position de sujet pensant, libre et qui juge de ses faits et actes (« Personne ne peut…/ en me soumettant (…) je ne mérite rien/ Je suis lasse… »). La définition (« je ne connais de véritables… ») est renforcée par les adjectifs qualificatifs (« véritables… »). L'hypothèse (s'il fallait…), la présence permanente du « je » sujet de

chaque propos (moi, je mérite, je ne connais, mon corps…), le renchérissement (la présence des virgules entre proposition), l'effet de dramatisation (« je suis forcée (…) je me déteste et me damne, en un mot (…) et qui (…) ni (…) ni, mon corps est ici, mais mon cœur (…), et s'il fallait… »), le choix du lexique traduisent la révolte de Suzanne. Le point culminant est la dernière phrase, très courte, qui produit un effet de chute : « Voilà mes sentiments. ». Diderot dénonce le manque de choix, la violence exercée sur les humains, l'hypocrisie religieuse qui occulte toute part de liberté du sujet, l'enfermement à vie imposé aux personnes qui n'ont rien choisi.

8 Réponse libre. Le philosophe choisit une jeune fille sacrifiée par une famille qui l'a spoliée de sa dot et mise dans un couvent. Ses parents ne lui ont laissé aucun choix. Le personnage est sans défense, sa situation est émouvante et plus facile à défendre. À cause de la censure, Diderot a imaginé de faux mémoires, qu'une jeune femme aurait envoyés au marquis de Croisemare pour qu'il les remette au philosophe. Ce dernier se cache derrière la candeur et le malheur de la jeune fille sacrifiée pour mieux avancer sa critique du pouvoir familial, donc social, ainsi que du pouvoir religieux, qui légitime les deux autres. Dans la réplique « Que dira le monde ? », il est évident que Diderot souligne l'une des contradictions, et non la moindre, du fonctionnement monacal en particulier, de la religion en général, qui disent ne se préoccuper que de Dieu et de la sauvegarde des âmes, mais se préoccupent aussi de leur image dans « le monde », dans la société, et ne reculent pas devant certaines « bassesses » et hypocrisies pour en sauvegarder la réputation. La réponse reste libre !

Voltaire (p. 38)

❶ Ce passage est extrait du *Traité sur la tolérance à propos de la mort de Jean Calas*. Voltaire a écrit ce texte pour dénoncer le fanatisme religieux des juges de Toulouse qui ont injustement condamné le protestant J. Calas, en l'accusant sans preuve d'avoir assassiné son fils.

❷ Cet ouvrage est paru en 1763. C'est le règne de Louis XV. La monarchie est absolue et de droit divin.

❸ Le titre du chapitre proposé est *Prière à Dieu*. En général, on demande quelque chose à Dieu, on l'implore d'interférer pour résoudre un problème ou on lui dit qu'on l'aime.

❹ Voltaire dit que Dieu ne nous a pas donné « un cœur pour nous haïr » ni « des mains pour nous égorger ». C'est l'idée d'un Dieu bon qui est avancée.

1 Les deux adjectifs qui qualifient la « vie » sont « pénible » et « passagère ». Le fait que la vie soit « passagère » n'est pas discutable. Le fait qu'elle soit « pénible » est sans doute partagé par de nombreux humains. Voltaire rappelle des évidences que les hommes ont tendance à oublier. Pour ces deux raisons, il semblerait qu'il vaudrait mieux que ces derniers s'entraident plutôt qu'ils ne s'entretuent. C'est ce que le philosophe demande à Dieu : « fais que nous nous aidions mutuellement à supporter le fardeau… ».

2 « Les petites différences » se rapportent à : « vêtements, entre tous nos langages, entre tous nos usages, entre toutes nos lois, entre toutes nos opinions, entre toutes nos conditions ». Voltaire parle des mœurs, des coutumes. Les langages sont « insuffisants », les usages « ridicules », les lois « imparfaites » les opinions, « insensées ». Tous les adjectifs ont une connotation négative. Le philosophe cherche à montrer que tout ce qui se rapporte aux êtres humains est imparfait, parfois ridicule et absurde.

3 « Toutes les petites nuances » reprend « les petites différences ». Les hommes pensent que les différences entre eux sont très importantes, « disproportionnées ». Pour Dieu, elles ne le sont pas et les hommes sont égaux à ses yeux. Voltaire demande à Dieu de faire en sorte que ces « petites nuances » ne soient pas des déclencheurs de « haine et de persécution ».

4 Le thème général est la pratique religieuse, les différentes manières d'aimer Dieu. L'auteur s'appuie sur l'utilisation ou non d'accessoires (les cierges), les vêtements choisis par les croyants, la langue dans laquelle ils s'adressent à Dieu. L'ironie vient du fait que Voltaire choisit des exemples sans importance, futiles. L'argumentation se construit sur des parallélismes de construction et des oppositions (robe d'une toile blanche/manteau de laine noire ; aimer/ne pas détester ; ancienne langue/jargon plus nouveau).

5 Il est question d'une catégorie sociale favorisée, riche (« qui dominent sur une petite parcelle… ; qui possèdent quelques fragments arrondis d'un certain métal… »). L'habit « en rouge ou en violet » peut faire penser à la haute hiérarchie catholique. L'ironie procède par écho et répétition (« petite parcelle/petit tas »), joue sur la chute inattendue et marquant le mépris de « tas de boue », sur la contradiction entre « dominer » et sur quoi porte cette domination (« une petite parcelle (…) monde ») qui rend la posture totalement ridicule, sur la litote périphrastique « quelques fragments arrondis d'un certain métal » pour signifier les pièces d'or. La mise en italique de *grandeur* et *richesse* ainsi que le fragment « de ce qu'ils appellent » marquent aussi la distance ironique. « les autres » sont ceux qui ne possèdent ni ne dominent rien, les pauvres.

6 Voltaire demande à Dieu que « les autres », les pauvres, regardent la richesse des privilégiés « sans envie », sans jalousie. Cette position semble difficile à atteindre si les inégalités entre les hommes restent criantes, voire insupportables. Cependant, l'éducation, l'exercice de la raison, les actions collectives et raisonnées peuvent contribuer à combattre les injustices. La philosophie permet aussi d'analyser le monde, de prendre des distances et de s'élever au-dessus des pensées et des intérêts égoïstes. Dans la phrase suivante, Voltaire n'est plus dans la prière, mais dans un dialogue avec Dieu, qu'il considère comme un alter ego éclairé et avec lequel il partage la même vision des réalités : la grandeur, la richesse, ne sont que « vanités », vides de sens, sans importance. Dans la dernière phrase du passage, l'auteur rappelle ce que tous les humains savent et qu'ils oublient dès que leurs intérêts personnels sont en jeu. Il rappelle ce que profèrent toutes les religions et qu'elles oublient dès que leur pouvoir sur les consciences est en jeu.

7 Réponse libre.

Fanny de Beauharnais (p. 40)

❶ Ce texte est un poème : les vers commencent par une majuscule ; la ponctuation est présente. L'auteure est Fanny de Beauharnais, une femme lettrée, amie de nombreux écrivains au XVIIIe siècle.

❷ Ce texte est adressé « aux hommes » ; le pluriel indique une généralité. C'est à tous les hommes que la poétesse parle.

❸ C'est F. de Bauharnais qui parle : « Pardonnez-moi ; mon humeur ; mon cœur ; ma plume ». Elle s'adresse aux hommes, présents à travers « vous » et à travers les impératifs : « Soyez ; Justifiez ». La poétesse s'inclut dans le rang des femmes : « notre affaire, le nôtre, nous répondons ».

❹ Les « hommes » sont désignés par « sexe » et « le maître » ; « fier » qualifie le sexe masculin. Pour la poétesse, l'homme est vaniteux, orgueilleux, sans pour autant s'en justifier. Cependant, le mot « fierté » est complété par « fausse liberté » : il y aurait donc une sorte d'usurpation dans ce sentiment. L'homme serait fier d'une liberté qui n'est qu'un leurre, qui n'existerait que dans son imagination. Cette hypothèse est corroborée par « qui vous croyez », au vers 2. L'homme se prend pour le maître, mais il ne l'est peut-être pas autant qu'il le pense.

❺ C'est l'impératif (« Soyez »), qui exprime une demande, une injonction. L'idée contenue est : vous vous croyez le maître, mais soyez au moins dignes de l'être. Au vers 4, il est demandé aux hommes de « justifiez » leur fierté, de prouver, de montrer que leur fierté est fondée. Cette phrase signifie que les hommes sont fiers d'une chose qu'ils pensent posséder et qu'ils s'enorgueillissent pour ce qui n'est sans doute qu'une illusion.

1 Les deux adjectifs « fier » et « fausse » sont antinomiques : il est difficile d'être fier de quelque chose de faux. Il y a un effet de chute provoqué par « fausse » qui annule « fier » et rend caduc le sentiment de fierté des hommes. *croire* reprend la même idée : l'homme n'est pas dans le vrai, mais dans le subjectif. Les rimes jouent sur le sens des mots : « maître/ être » s'opposent (l'homme se croit le maître, mais il est loin de l'être) ; « liberté/ fierté » sont liés par le même antagonisme (puisque la liberté est fausse, il n'y a pas lieu d'en éprouver de la fierté).

2 « Affaire » rime avec « plaire ». La poétesse propose de « surpasser » (dépasser) l'homme pour lui « plaire », mais à condition qu'il le mérite. F. de Bauharnais établit une relation de compétition et de séduction entre les deux sexes. Sans doute est-elle très narquoise lorsqu'elle dit « pour vous plaire ». Elle reprend à son compte une croyance des hommes : que le destin des femmes est de leur plaire. Le ton est léger, finement ironique. Il peut s'apparenter à celui du badinage.

3 Elle demande qu'on lui pardonne son innocence (« ma candeur »), sa naïveté, parce que l'homme pourrait interpréter ses propos comme une attaque, une injure (« un outrage »), alors que ce n'est pas là son intention. Elle joue sur la fierté de l'homme, qui pourrait se sentir blessé, offensé dans sa position de maître.

4 « Plume » fait référence à l'activité d'écriture, à la littérature. Les trois adjectifs qualifiant ce mot, « vive, indépendante et volage » personnifient l'activité et caractérisent aussi celle qui écrit. Il y a identification entre plume/écriture et la poétesse. Cette dernière est ce qu'elle écrit : légère, éveillée, brillante, piquante, intelligente (« vive »), libre (« indépendante ») et inconstante, infidèle (« volage »).

5 La « nature » a donné aux hommes l'art de « disserter », de bien parler, de faire de longs discours, activité intellectuelle « noble » ; or, elle semble plus ingrate envers les femmes puisqu'elles sont réduites à « l'amusement », au jeu, à tout ce qui ne fait pas partie du domaine de la réflexion. La poétesse est très ironique ; elle reprend sans doute des paroles communément partagées pour en pointer la sottise. D'ailleurs, le vers 16 suggère l'idée de que ce que font les femmes « vaut davantage » qu'il n'y paraît (« prouvant moins »).

6 Face au sérieux des hommes, les femmes répondent par la moquerie, par l'ironie (« persiflage »). Elles adoptent une attitude détachée, distante et ironique par rapport à ce qu'elles vivent. F. de Beauharnais joue avec l'intelligence des hommes. Réponse libre.

7 Production libre.

Alfred de Musset (p. 44)

❶ La disposition des noms des personnages indique qu'il s'agit d'un texte de théâtre. On en est à l'acte II, scène 2.

❷ Les personnages sont Lorenzo et Tebaldeo, deux noms aux sonorités italienne, espagnole. Réponse libre. Lorenzo est un diminutif du nom du personnage principal, Lorenzaccio (le suffixe –accio est péjoratif). Réponse libre.

❸ L'histoire se déroule à Florence, au XVIe siècle. Lorenzo est le cousin d'Alexandre, duc de Médicis. Il rencontre un peintre, Tebaldeo, devant le portail d'une église. C'est George Sand qui avait conçu d'abord le projet d'écrire *Une conspiration en 1537* d'après les *Chroniques italiennes* de Benedetto Varchi. Dès le XVe siècle, Florence connaît une époque florissante ; les Médicis, de puissants banquiers, détiennent le pouvoir. Alexandre fait régner la terreur grâce au soutien des Allemands ; il entraîne son cousin Lorenzo dans la débauche.

❹ Lorenzo remarque que le vêtement (« ton pourpoint ») du peintre est vieux, usé. Il lui en propose un autre, neuf (« en veux-tu un à ma livrée ? »). Indirectement, Lorenzo lui propose de travailler pour lui, d'être à son service.

1 Tebaldeo répond indirectement à la question en disant qu'il n'appartient à personne. Il se définit comme un homme libre d'esprit. Pour lui, si l'on veut penser librement, il faut que le corps soit libre aussi : il ne peut donc accepter d'être au service de quiconque. Réponse libre.

2 Lorenzo est irrité par la réponse du peintre, qu'il considère comme insolente. Sa réaction immédiate est de demander à son valet de lui « donner des coups de bâton ». L'expression « j'ai envie de » souligne le désir mêlé d'irritation, d'agacement de Lorenzo de punir l'insolent, mais aussi sa position de supériorité et d'impunité face au peintre. Il est dans un rapport de domination ; il fait ce qui lui plaît.

3 Soit Tebaldeo fait semblant de ne pas comprendre, il joue à l'imbécile, soit il ne comprend vraiment rien à ce que lui dit Lorenzo. La réponse « parce que… par la tête. » n'est pas la réponse attendue ; il est dans la toute puissance. Il se moque du peintre, mais ce qu'il dit est inquiétant. La question est : « Es-tu boiteux (…) accident ? » ; l'adjectif « boiteux » peut signifier « qui marche sur un pied ou sur l'autre », ou « qui ne raisonne pas comme il faut ». Lorenzo se plait à jouer sur les deux sens du mot. Sa question porte apparemment sur un défaut physique. Tebaldeo ne semble pas comprendre : il s'attache au sens littéral, or il n'est pas boiteux (« que voulez-vous dire par là ? »).

4 Lorenzo emploie « boiteux » au sens figuré : Tebaldeo est fou, il ne raisonne pas bien. Le raisonnement peut être le suivant : tu es fou car tu restes dans une ville où tu peux te faire tuer pour tes idées de liberté par un simple valet des Médicis, sans que personne ne dise quoi que ce soit. Le gouvernement de Florence repose sur le bon vouloir du prince, qui n'assure ni liberté ni justice. C'est un régime despotique.

5 L'artiste, intellectuel, libre-penseur et créateur, peut se faire tuer par un simple valet. Il est dans une insécurité absolue face au despotisme qui règne sur la ville. Pour Tebaldeo, Florence symbolise sa « mère », qu'il aime et chérit et qu'il ne quitterait pour rien au monde. Il est conscient (« je sais ») qu'un citoyen peut se faire tuer à n'importe quel moment, de jour comme de nuit, selon le désir (« caprice ») de « ceux qui la gouvernent ». Sa seule protection est un couteau (« stylet »).

6 Lorenzo évoque son cousin, le duc Alexandre, gouverneur tout puissant de Florence, qui, par plaisir, a commis « des meurtres facétieux », c'est-à-dire drôles, comiques, comme si l'assassinat d'une personne pouvait prêter à rire. Cet homme est sanguinaire : il tue pour s'amuser. Réponse libre. Dans son hypothèse : « si le duc te frappait… », Lorenzo veut savoir quelle serait la réaction de Tebaldeo, s'il se rebellerait et le tuerait.

7 Tebaldeo répond en homme libre : il tuerait le duc si ce dernier l'attaquait. Face au pouvoir aveugle, meurtrier, il se défendrait : « Je le tuerais, s'il m'attaquait. ». Lorenzo semble ébranlé par la réponse franche et ferme du peintre. Tout se passe comme s'il ne craignait pas non plus le cousin du duc de Médicis : il lui parle comme il le ferait avec n'importe qui. Les arguments donnés par le peintre sont : il est tranquille (« je ne fais de mal à personne »), passe ses journées à travailler (« à l'atelier »), ses dimanches à l'église où il chante (« les moines trouvent que j'ai de la voix »). Ce sont les seules occasions où il sort (« je vais en public »). Le soir, il retrouve sa maîtresse ou passe la soirée sur le balcon de celle-ci, quand la nuit est belle. Il consacre la plupart de son temps à travailler, et lorsqu'il ne travaille plus, il est à l'église ou avec la femme qu'il aime, comme la plupart de ses concitoyens. C'est un homme banal, anonyme, que personne ne connaît et qui ne connaît personne. Il ne comprend pas qui pourrait lui en vouloir au point de le tuer, ni surtout à qui sa mort profiterait. Réponse libre.

8 Réponse libre. En fait, pendant que Tebaldeo fait le portrait du duc, Lorenzo en profite pour lui voler sa cotte de maille qui le protège et la jette dans le puits. Ainsi, il pourra assassiner le duc sans problème.

Stendhal (p. 46)

❶ L'histoire se passe au XIXe siècle, à Parme, en Italie. Fabrice del Dongo est emprisonné, mais la femme qui l'aime, Clélia, parvient jusqu'à lui (malgré les geôliers) : elle croit qu'il va être empoisonné.

❷ Waterloo se trouve en Belgique. C'est la dernière bataille menée par Napoléon 1er. Le 18 juin 1815, il est battu par l'armée anglaise menée par Wellington et l'armée prussienne commandée par Blücher et Bülow. Réponse libre.

❸ Le texte est composé de passages narratifs et dialogués. Les guillemets signalent les paroles rapportées.

❹ Clélia « regarda ; vit ; se précipita ; renversa ; dit ». Le temps est le passé simple, temps du premier plan. Les actions sont nombreuses et se succèdent avec rapidité. Le narrateur montre l'intensité du moment et la vitesse avec laquelle Clélia agit.

1 Réponse libre.
2 Clélia a peur que Fabrice ait mangé le repas. Elle le tutoie et lui montre (« laissa voir ») son amour. Elle oublie les conventions sociales (« oublia (...) la retenue féminine »).
3 Dans un récit, ce passage correspond à des paroles rapportées. Ici, ce sont les pensées de Fabrice, une sorte de monologue intérieur. Il rappelle que le dîner était empoisonné. Sa première hypothèse est de dire à Clélia qu'il n'a pas « touché » au repas ; s'il fait cela, la jeune fille s'enfuit car « la religion reprend ses droits ». Sa seconde hypothèse est de dire qu'il a mangé, alors elle pensera qu'il est sur le point de mourir ; s'il fait cela, elle restera près de lui.
4 Fabrice fait deux constats : Clélia « désire trouver un moyen de rompre son exécrable mariage » et « le hasard », le fait qu'elle se trouve dans sa cellule, avec lui, présente ce moyen. Sa vision des événements est traduite par une succession chronologique d'actions, exprimées au futur proche et au futur. D'abord, les geôliers interviennent, enfoncent la porte (et trouvent les deux jeunes gens). Un scandale (« un esclandre ») est provoqué et le marquis Crescenzi, le futur mari de Clélia est si « effrayé », choqué, qu'il annule le mariage (« le mariage rompu »), conclusion à laquelle parvient Fabrice.
5 Pendant les réflexions du jeune homme, Clélia essaie de s'éloigner de lui (« cherchait à se dégager de ses embrassements »). La réaction de Fabrice est de mentir : il lui fait croire qu'il a mangé. Il joue sur le temps : il vient juste d'avaler la nourriture, il ne ressent donc pas encore les douleurs du poison. Mais il se projette dans un futur immédiat : « bientôt elles me renverseront à tes pieds », puis il envisage sa mort et demande à la jeune fille de l'aider à mourir. Il y a dramatisation de ses propos et gradation jusqu'à l'échéance finale. Réponse libre.
6 Clélia est exaltée, entièrement à sa passion. L'interjection « ô », l'utilisation de l'adjectif « unique », l'exclamation, soulignent la force de l'amour, qualifié « d'extrême passion ». Elle est hors d'elle-même, ne contrôle plus ce qu'elle fait : « Elle le serrait (...) un mouvement convulsif. » Comme les héroïnes romantiques, elle veut mourir avec celui

qu'elle aime. La notation « à demi vêtue » ajoute une dimension érotique à la scène ; la beauté de la jeune fille en est encore plus grande (utilisation de l'adverbe d'intensité « si »). Fabrice non plus ne contrôle plus ce qu'il fait : « ne put résister à un mouvement presque involontaire. » (Sans doute serre-t-il Clélia dans ses bras). Cette dernière accepte ce geste : « Aucune résistance ne lui fut opposée. ».

7. Finalement, Fabrice décide de dire la vérité : « j'allais commencer à dîner (...) plats. ». Il ne veut pas qu'un mensonge gâche les premiers instants de leur bonheur : « Il ne faut pas (...) bonheur. » Il reconnaît aussi le courage de la jeune fille qui lui a épargné la mort.

8. Le titre de ce roman est *La Chartreuse de Parme*. Une chartreuse est un couvent, construit dans un endroit isolé, coupé du monde, où se retirent des religieux. Réponse libre.

Honoré de Balzac (p. 48)

❶ L'auteur est Balzac. Réponses libres.

❷ Le personnage est Lucien Chardon (il abandonnera le patronyme de son père pour prendre celui, aristocratique, de sa mère). Il arrive de province pour chercher gloire et fortune à Paris. Il est intelligent et séduisant.

❸ L'indication temporelle est « sa première promenade ». Lucien se promène sur les Boulevards et rue de la Paix, endroits fréquentés par les personnes riches et élégantes. Il cherche sans doute à voir l'étalage de la richesse, les gens qui ont l'habitude de se retrouver dans ces lieux. Il est comparé à « tous les nouveaux venus », ceux qui arrivent pour la première fois à Paris. Implicitement, Balzac rappelle que le jeune homme est un provincial.

❹ Les mouvements sont les suivants (d'autres découpages sont possibles) : 1) « Pendant (...) personnes. » : phrase introductive ; la première promenade ; 2) : « À Paris (...) avant tout. » : commentaire sur Paris ; 3) « Surpris (...) anéantissement. » l'expérience de l'anéantissement. 4) : « Pour un jeune poète (...) désert. » phrase à la fois récapitulative et prospective.

1. « À Paris, les masses s'emparent de l'attention ». Un objet inanimé, comme « masses », ne peut pas faire cette action. Balzac personnalise Paris et insiste sur le pouvoir de cette ville de captiver les nouveaux venus.

2. Les exemples de « masses » sont : « le luxe des boutiques, la hauteur des maisons, l'affluence des voitures, les constantes oppositions (...) misère. ». L'auteur choisit le déploiement de la richesse, la taille élevée des immeubles, l'importance de la circulation et les contrastes entre luxe et pauvreté. Il veut montrer que tout est grand et contrasté dans la capitale, à l'opposé de ce que doit être la ville de province d'où vient Lucien. Balzac décrit une réalité sociologique de Paris, où luxe et misère se côtoient. La première proposition apporte une impression générale qui est exemplifiée, détaillée après les deux points. Une énumération, dont chaque élément est séparé par une virgule, s'ensuit. Le verbe principal est rejeté en fin de phrase pour insister sur l'idée qu'il véhicule : « saisir » signifie attraper, happer, prendre ou impressionner. Ce sont des effets de profusion et de contraste qui sont ainsi produits. Le lecteur a aussi l'impression que la ville happe, saisit le nouveau venu, sans qu'il puisse réagir.

3. « Cet homme d'imagination » est Lucien, expression reprise par « un jeune poète ». Le héros est « surpris » et il est « étranger » dans cette ville. Il éprouve « une immense diminution de lui-même. ». Il se sent petit par rapport à tout ce qu'il voit, étranger et seul. Il a perdu tous ses repères.

4. Le passage précédent est centré sur Lucien ; celui-ci généralise la situation personnelle du héros. À Paris, les personnes perdent leur valeur, le sentiment d'être

quelqu'un, alors qu'en province elles étaient considérées et on leur renvoyait la preuve de leur importance. Elles deviennent anonymes. Elles ne peuvent pas s'habituer « à cette perte totale et subite de leur valeur ». Balzac traduit la violence de leur nouvelle condition par les adjectifs « totale » et « subite ».

5 « Une espèce d'anéantissement » signifie que l'être humain n'est plus rien, qu'il ne reconnaît plus rien ; il est effondré, perdu. « Etre quelque chose dans son pays et n'être plus rien à Paris » ainsi que la rapidité du changement sont les causes de l'état du héros. Les oppositions, les parallélismes de construction ainsi que le développement explicatif de la dernière partie de la phrase sont les procédés stylistiques utilisés.

6 Le personnage principal ouvre la phrase et est caractérisé par la périphrase « jeune poète », puis la relative se développe sous forme d'une énumération qui joue sur la variation d'une même idée ; la proposition principale est rejetée en fin de phrase. Balzac met d'abord en évidence la spécificité de Julien, poète, donc rêveur, idéaliste..., puis énonce ce qu'il a perdu et enfin la chute prédit un destin de solitude douloureuse, totalement opposé à ce que le jeune homme a connu précédemment.

7 Le passé simple est utilisé deux fois : « s'occupa » et « éprouva ». C'est le temps de la narration, du premier plan, qui s'attache à présenter des actions comme terminées dans le passé, coupées du moment de l'énonciation. En revanche, les présents, nombreux dans ce texte, sont liés au moment de l'énonciation. Ils expriment un constat, une vérité générale : ils manifestent la présence du narrateur dans le texte et appuient une forme de commentaire. Dans la dernière phrase, l'imparfait est un imparfait de clôture (il reprend ce qui avait été dit auparavant) et le futur proche dans le passé (« allait être ») annonce, implicitement, la suite du récit. On peut dire que le narrateur est aussi présent derrière ce temps : il est omniscient, il sait tout.

8 Réponse libre.

Prosper Mérimée (p. 50)

❶ Il est composé de passages narratifs et de passages dialogués.

❷ Ce passage est extrait de la nouvelle de Mérimée, *Carmen.* Le personnage a inspiré le compositeur Bizet (1875), les cinéastes américains Lubitsch (1918), Otto Preminger (1954, où les rôles sont tenus par des personnes noires), espagnol, Carlos Saura (1983), italien, Francesco Rosi (1984), français, Christian-Jaque (1942), Jean-Luc Godard (1983), ainsi que le metteur en scène de théâtre Peter Brook (1983).

❸ Le premier personnage est Don José, un jeune homme de bonne famille devenu soldat. Le second est le narrateur.

❹ Il s'agit de l'Espagne et de deux régions de ce pays : la Navarre, au nord, et l'Andalousie, au sud. Ce qui peut les différencier sont les stéréotypes qui existent entre pays du Nord et pays du Sud.

❺ C'est Don José qui parle au narrateur. Il lui raconte vraisemblablement son histoire. C'est la « gitanilla », la jeune gitane, Carmen, qui est annoncée. Le déterminant démonstratif « cette » précède le prénom. Il signifie que la personne dont il est question est déjà connue (ce que précise le texte) ; il marque aussi une forme de distance méprisante.

1 Don José juge négativement ce qu'il a fait, il est en colère contre lui-même. Le point d'exclamation souligne la force de ce que ressent le jeune homme. Son récit est rétrospectif.

2 « Elle avait (...) la parole » : portrait de Carmen par Don José. 2) « Compère (...) mon âme ! » : dialogue entre Carmen et Don José. 3) suite du récit et commentaire de Don José. « Carmen » est systématiquement remplacé par le pronom personnel « elle », comme si le héros ne pouvait plus prononcer le prénom de cette femme.

3 La Navarre (« Dans mon pays ») et l'Andalousie (« À Séville ») sont mises en comparaison à propos des femmes (« une femme dans ce costume »). Carmen répond à tous les compliments lestes et grivois (« gaillard ») que lui font les hommes. Elle les aguiche en les regardant de côté (« les yeux en coulisse »), elle marche, « le poing sur la hanche ». Elle fait tout ce que ne font pas les femmes navarraises ! Réponse libre. Le narrateur la juge sévèrement et avec mépris : il la traite d'« effrontée » (insolente, sans honte ni pudeur) et rappelle son milieu d'appartenance dans une comparaison pleine de dédain : « comme une vraie bohémienne qu'elle était. ».

4 Le portrait commence par le verbe « avoir », verbe tout à fait banal concernant ce genre d'écrit, qui est repris deux phrases plus loin : « Elle avait un jupon… ; Elle avait aussi une fleur… ». Le portrait se « met en mouvement » avec les verbes suivants : « qui laissait voir ; Elle écartait (…) afin de montrer ; qui sortait ; elle s'avançait… ». La manière dont Carmen est vêtue est présentée en premier : « un jupon rouge fort court ; des bas de soie blancs avec plus d'un trou ; des souliers de maroquin rouge attachés avec des rubans couleur de feu ; sa mantille. ». Puis des détails viennent spécifier le portrait : « afin de montrer ses épaules ; un gros bouquet qui sortait de sa chemise ; une fleur de cassie dans le coin de la bouche ; se balançant sur ses hanches ». La couleur dominante des habits est le rouge : « fort rouge ; maroquin rouge ; couleur de feu ». Le bouquet et la fleur peuvent aussi être rouges. C'est la couleur de la passion, de la violence, du sang, de la mort. C'est une jeune femme sensuelle et coquette qui est décrite (le jupon, les souliers, la mantille, les fleurs). Les « bas de soie blancs avec plus d'un trou » montrent à la fois la coquetterie et la pauvreté de Carmen. Le jupon « fort court », les bas troués, les épaules découvertes et le balancement des hanches peuvent choquer Don José. Carmen est comparée à « une pouliche du haras de Cordoue », c'est-à-dire une jeune jument sauvage, libre, qui n'est pas encore dressée. La comparaison animalière est reprise dans la dernière phrase de ce paragraphe où les femmes en général et la gitane en particulier, sont comparées aux chats « qui ne viennent pas quand on les appelle et qui viennent quant on ne les appelle pas ». Pour Don José, Carmen est un animal rebelle, rétif, sauvage, qui fait tout le contraire de ce que l'homme désire. La réponse reste libre !

5 Elle l'appelle d'abord « compère », c'est-à-dire « ami », puis « monsieur », puis « mon cœur », enfin « épinglier de mon âme ». Elle joue sur les registres de l'amitié, de la distance sociale, de l'affection ironique et enfin la moquerie séductrice. Elle se moque de lui en faisant semblant de croire que son activité masculine est en fait une activité féminine. L'épinglette, l'aiguille qui sert à nettoyer les armes, devient une épingle, qui sert à faire de la dentelle, occupation essentiellement féminine. Elle poursuit l'ironie en lui demandant de lui faire plus de sept mètres de dentelle pour sa mantille (« fais-moi sept aunes de dentelle noire pour ma mantille »), puis elle le réduit à son activité, « épinglier », tout en l'aguichant : « de mon âme ».

6 Carmen lance la fleur qu'elle avait à la bouche à Don José. Celle-ci arrive « entre les deux yeux » du jeune homme. Il ne sait que faire, où se mettre (« je ne savais où me fourrer »), puis, lorsque Carmen est « entrée dans la manufacture », alors que ses camarades ne voient rien, il ramasse la fleur et la met dans sa veste. Don José vient de tomber amoureux de Carmen.

7 Réponses libres.

Théophile Gautier (p. 52)

❶ Il y a six strophes de quatre vers ponctués qui commencent tous par une majuscule. Les rimes sont croisées. Pour toutes ces raisons, le poème s'apparente à un poème classique.

❷ Le titre est « Carmen ». Le personnage a inspiré le compositeur Bizet (1875), les cinéastes américains Lubitsch (1918), Otto Preminger (1954, où les rôles sont tenus par des personnes noires), espagnol, Carlos Saura (1983), italien, Francesco Rosi (1984), français, Christian-Jaque (1942), Jean-Luc Godard (1983), ainsi que le metteur en scène de théâtre Peter Brook (1983).

❸ Le titre du recueil est *Émaux et camées* qui renvoient à des bijoux, des objets précieux. On peut supposer que les choix d'écriture seront sophistiqués, recherchés dans la forme.

❹ Il s'agit d'une femme, prénommée Carmen, dont la beauté ambiguë séduit les hommes. En revanche, les femmes la trouvent laide.

1. Les mots qui rappellent un pays sont « gitana » et « Tolède ». Nous sommes en Espagne.

2. Carmen est une gitane, une bohémienne. C'est l'autre, l'étrangère, celle qui n'observe pas les codes sociaux du pays. Elle est libre, sans doute séduisante et sensuelle. Elle attire et fait peur en même temps. L'adjectif est « maigre » et les autres mots se retrouvent dans tout le reste de la strophe. Elle est liée au « diable ». C'est le sombre, le noir qui domine dans la description : « un trait de bistre cerne... » ; « noir sinistre » ; « sa peau (...) tanna ». Il y a quelque chose de sombre, d'effrayant et de diabolique dans l'image qui est donnée de cette femme. Ajoutons qu'au XIXe siècle, la peau blanche était un symbole de beauté.

3. Ce sont la nuque, les cheveux, le corps et les yeux qui sont privilégiés dans ces strophes. Le thème évoqué dans la strophe 3 est la sensualité. Les procédés stylistiques utilisés sont les métaphores : « sa nuque d'ambre fauve ; une mante » et la personnalisation : « se tord ». La strophe 4 joue sur les oppositions : « pâleur » (en contradiction avec la description de la strophe 1, 3 et 5 : « moricaude ») et rouge, couleur éclatante, qui symbolise la violence, la sensualité ici. La métaphore filée : « bouche ; piment rouge ; fleur écarlate ; sa pourpre au sang des cœurs » renforce l'idée de sensualité, de beauté, mais apporte la dimension de la douleur (le piment irrite), de la domination : « pourpre » qu'accentue « aux rires vainqueurs ». Le dernier vers renvoie aussi à une forme de violence : le sang avec lequel se nourrit le rouge de la bouche est celui des cœurs.

4. Les mots qui évoquent des couleurs sont : « bistre ; noir ; tanna ; ambre ; pâleur ; bouche ; piment rouge ; écarlate ; pourpre ; sang ; moricaude ; lueur ; flamme ». Les couleurs dominantes sont le noir, ce qui est sombre, diabolique et qui inquiète, et le rouge, la passion et la violence. Le poète présente une femme qui unit l'éclat, la violence et un côté sombre.

5. Les femmes la « disent laide » et les « hommes en sont fous ». Pour ces derniers, « l'exemple » est donné par l'évêque de Tolède ! La sensualité de Carmen peut « tuer » les hommes.

6. Carmen est laide mais cette laideur est « piquante », c'est-à-dire qu'elle attire et fait mal à la fois. Cette femme est associée au mythe de Vénus, déesse de la beauté et de l'amour.

7. « Piquante » rime avec « provocante » et « mer » avec « amer ». « piquante » et « provocante » appartiennent au champ sémantique de la séduction mais aussi de la souffrance ; « mer » et « amer » renvoient à ce qui est âcre et triste. Les adjectifs choisis pour qualifier Vénus sont « nue » et « provocante ». Carmen apparaît nue comme la déesse sortie des eaux ; sa beauté et son attitude suscitent sans doute le désir des hommes.

Ce poème est représentatif du courant parnassien par la précision et la recherche du vocabulaire, par les images et les métaphores parfois difficiles à expliciter. Les variations mêlées autour de la séduction, la volupté, le mal et la mort sont aussi caractéristiques de ce courant.

Gérard de Nerval (p. 54)

❶ Le texte se compose de trois paragraphes. C'est « je » qui raconte, le narrateur, présent à chaque début de paragraphe: « Je regagnai/ Je me représentais/ J'étais le seul garçon ».

❷ Le titre est : *Les filles du feu*. Réponse libre. Ici, il s'agit de « Sylvie », une fille du feu parmi celles aimées du narrateur (Aurélia, Adrienne, Pandora).

❸ Le narrateur était au théâtre ; il rentre chez lui, tard dans la nuit. L'histoire se passe dans le Valois, une région située au Nord de Paris (près de Senlis et Chantilly), qui était la propriété des rois de France.

❹ Le narrateur, une fois rentré, se met au lit, mais il ne trouve pas le repos. Sans doute a-t-il vu au théâtre l'actrice Jenny Colon, dont il est follement amoureux. Le temps est le passé simple (« Je regagnai/ pus »), temps du récit, coupé de la situation d'énonciation (les événements sont vus de l'extérieur).

1. Le sujet implicite est « je » (j'étais plongé). Le narrateur est entre le rêve et la réalité (demi-somnolence), à moitié endormi. Il revit son enfance (« toute ma jeunesse repassait »). Pour Nerval, cet état est propice à la rêverie ; il considère le rêve comme une « seconde vie ».

2. « Cet état » reprend « demi-somnolence » ; il permet de « voir se presser en quelques minutes les tableaux les plus saillants d'une longue période de la vie. », c'est-à-dire que les images des moments les plus importants de la vie du narrateur. L'esprit *résiste* « aux bizarres combinaisons » (les mélanges) « du songe », comme s'il luttait entre le monde de la réalité et celui du rêve, comme si l'esprit du narrateur naviguait à la limite de ces deux univers. Nerval est souvent dans cet état.

3. Le second paragraphe s'ouvre par le verbe « représentais » (mot à mot : rendre présent à l'esprit, donner plus d'épaisseur au rêve). Il est à l'imparfait, temps de la durée, de la description, de l'organisation du décor (« perçait, dansaient ») ; on a l'impression que la description s'étire dans l'espace-temps. À présent, le narrateur est entraîné dans le rêve, il nous emmène à l'époque du roi Henri IV, dont le souvenir s'organise autour du château, de sa toiture, sa « face » (la façade) « rougeâtre » (couleur des briques), l'environnement proche (« une grande place encadrée d'ormes et de tilleuls »), la lumière du soleil qui « enflamme », illumine les feuilles (cette description est très proche de celle que l'on trouve dans les poèmes de Nerval : *Fantaisie*.).

4. Il aperçoit des « jeunes filles » qui dansent en rond sur l'herbe. C'est l'univers nervalien par excellence où dominent la rêverie, l'enchantement (danser en rond, chanter de vieux airs), l'ivresse produite par le fait de tourner et par le chant qui berce. C'est le monde de l'enfance, de l'innocence, qui se déploie dans un paysage féerique. Ce paragraphe est constitué de deux longues phrases ponctuées par des virgules, produisant un effet d'accumulation (« Des jeunes filles..., et d'un français...., que l'on..., où, pendant... , a battu le cœur de la France. »). Le décor est décrit à l'aide d'un lexique précis (« un château d'Henri IV, toits pointus couverts d'ardoises, face rougeâtre, pierres jaunies... »). Les segments de phrases saturés par la variation de sonorités en [R], [YE], [m] (« couve**r**ts d'**a**rdoises, **r**ougeâtre, ve**r**te, fi**ll**es, feu**ill**age ; trans**m**is, **m**ères, **m**ille »), l'alternance de sons ouverts [ei] et fermés [é] (« représentais, couverts, dentelés, encadrée, perçait, dansaient, airs... ») créent une mélodie qui fait écho aux « vieux airs » sur lesquels dansent les jeunes filles. La richesse des couleurs (jaune, vert, rouge) participe aussi à la création de l'univers nervalien.

5. Le récit se centre autour du jeune garçon : « j'étais le seul », qui se détache du décor. Il est dans la ronde, avec les jeunes filles. Du paragraphe 2 au paragraphe 3, la narration s'organise par touches successives : on voit d'abord un château, puis sa façade, son toit, des arbres autour, puis on s'avance et apparaissent les personnages (les jeunes filles et le narrateur). Le regard, d'abord panoramique, se focalise sur le narrateur qu'il suit à l'intérieur de la ronde.

6 Il est en compagnie de Sylvie, une jeune fille « vive et si fraîche », sans doute jolie (ses yeux sont noirs, son profil régulier, sa peau légèrement hâlée) ; elle habite le « hameau voisin ». Le narrateur l'aime, à la limite de l'obsession, sentiment que soulignent la répétition du pronom et l'emploi de la locution adverbiale restrictive « ne…que » (« je n'aimais qu'elle, ne voyais qu'elle »). Réponse libre.

7 Le narrateur *remarque* une autre fille, Adrienne, une autre « fille du feu » ; elle est blonde, grande et belle, de la même taille que le narrateur. Tout l'oppose à Sylvie, la couleur des cheveux et de la peau, la taille, l'âge sans doute, la classe sociale (Adrienne semble vivre au château alors que Sylvie est vraisemblablement une paysanne). La phrase commence par une locution temporelle « À peine », suivie d'une inversion sujet-verbe « avais-je remarqué » (inversion habituelle après « à peine »), d'un complément de lieu « dans la ronde… », d'un adjectif substantivé « une blonde » (il y a omission du nom « fille »). Puis viennent deux adjectifs « grande et belle » et la phrase se termine par une proposition subordonnée « qu'on appelait Adrienne ». L'auteur met d'abord en place les circonstances de l'action et les caractéristiques du personnage avant de nommer le personnage lui-même, créant ainsi des effets d'attente, de suspense et de mise en valeur du segment de phrase rejeté à la fin. « Tout à coup » annonce qu'un événement imprévu va brusquement perturber la situation. Le temps attendu est le passé simple (« se trouva »), temps de la narration, du premier plan, qui détache les actions de l'arrière plan descriptif.

8 De toute évidence, le narrateur vient de tomber amoureux d'Adrienne : en l'embrassant, comme cela lui était demandé par les autres participants, il ne peut s'« empêcher de lui presser la main. ». Au contact des « longs anneaux (…) joues. », « un trouble inconnu » s'empare de lui. Jeu d'enfant au début du passage, la ronde symbolise désormais le cercle enchanté de l'amour. Autour d'eux, la ronde tourne « plus vivement que jamais », emportant les deux personnages dans l'ivresse. Réponse libre.

George Sand (p. 56)

❶ Le titre indique qu'il s'agit d'une autobiographie. L'auteure se propose de parler de sa vie. Ici, c'est le début de la première partie. C'est l'incipit.

❷ L'auteure est George Sand. Elle a environ cinquante ans quand son livre est publié. Son véritable nom est Aurore Dupin, devenue baronne Dudevant par son mariage. Réponse libre.

❸ Le pronom est « je », qui correspond au genre littéraire de l'autobiographie.

1 Les objectifs de G. Sand sont : « une étude sincère de ma propre nature », « un examen attentif de ma propre existence ». Réponse libre. Non, rien n'est aussi difficile que la connaissance de soi et d'en rendre compte sans complaisance ni mensonge. Les adjectifs sont : « sincère » et « attentif ». Ils appartiennent au domaine de l'écriture de soi, mais les objectifs qu'ils qualifient ne sont pas faciles à respecter et à atteindre. Ils relèvent d'une analyse rigoureuse, intègre, lorsque l'on parle de soi.

2 « écrire l'histoire de sa vie », « les souvenirs que cette vie a laissés en nous », « se définir et se résumer en personne », « L'étude du cœur humain », « se connaître », « une étude sincère… ». Dans la première phrase du second paragraphe, George Sand dit que plus on entre en soi pour mieux se connaître, plus on s'introspecte, « moins on n'y voit clair ». Le propos soulève le paradoxe de l'écriture autobiographique, qui n'est pas seulement l'écriture du souvenir ni « se définir et se résumer en personne », mais une sorte d'auto-analyse qui descend au plus profond « du cœur humain » et soulève de plus en plus de questions sur soi.

3 Elle affirme que le fait d'écrire sur sa vie n'est ni de la fierté (« l'orgueil ») ni de « l'impertinence ». Réponse libre. Elle semble privilégier ce qui a compté dans sa vie (« les souvenirs… valoir la peine d'être conservés ») afin sans doute de les partager avec les lecteurs.

4 L'expression signalant la narratrice est : « Pour ma part » ; elle émet son point de vue. Pour elle, écrire son histoire, c'est « accomplir un devoir », une tâche ardue qui relève de l'engagement total de la personne. Le choix du mot « devoir » est très connoté : il renvoie à une morale, une exigence intellectuelle. George Sand considère cette activité comme étant « pénible » car il est très difficile (« malaisé ») de se définir « et de se résumer en personne », d'écrire sans complaisance quel être humain on est vraiment.

5 C'est le verbe « accomplir » qui est répété. Il est suivi d'abord du nom « ce devoir » et ensuite de « cette tâche », mots qui sont équivalents dans ce contexte. Cette répétition marque une volonté d'insistance de la part de l'auteure qui veut prouver qu'elle atteindra coûte que coûte son objectif. Cependant, elle ne l'a pas fait car une « insurmontable paresse » (« maladie des esprits trop occupés et celle de la jeunesse par conséquent »), impossible à dépasser, lui a fait remettre à plus tard (« différer ») ce projet.

6 Elle s'accuse d'avoir « laissé publier des biographies pleines d'erreurs sur son compte ». Réponse libre. Sans doute l'a-t-on critiquée pour la liberté de sa vie, de ses engagements et de ses positions politiques, pour avoir choisi un pseudonyme masculin afin d'être publiée. Sand était connue à son époque, ses romans l'ont rendue célèbre, fait rarissime pour une femme de son temps.

7 Il est presqu'impossible de se connaître complètement, parfaitement. L'entreprise est « fastidieuse », fatigante et difficile. Sand emploie le mot « étude », qui renvoie à un travail rigoureux et méthodique. Cette proposition se lit comme une vérité générale (utilisation du présent « est », importance de l'adverbe de temps « toujours »).

8 Réponse libre. Chaque fragment annonce ce que G. Sand va raconter : c'est une sorte de plan. *Lettres d'un voyageur* est un de ses premiers romans, elle parle aussi des *Confessions* de Rousseau, l'un des textes fondateurs de l'autobiographie…

9 Réponse libre.

Victor Hugo (p. 58)

❶ Le poème est constitué de trois strophes de quatre vers chacune, commençant tous par une majuscule. La ponctuation est présente par les points et les virgules.

❷ Le poème est extrait du recueil *Les Contemplations*. Une contemplation est une attitude de méditation, de concentration sur une pensée. C'est une posture solitaire.

❸ Ce poème a été écrit pour la fille de V. Hugo, Léopoldine, le 4 octobre 1847, quatre ans après le décès de celle-ci (Léopoldine est morte noyée le 4 septembre 1843). Réponse libre.

❹ Réponse libre.

1 Il est question d'un départ. C'est un « je », le poète, qui parle et qui s'adresse à « tu ». Dans « Vois-tu », on a l'impression que l'interlocuteur est présent mais « je sais que tu m'attends » remet en question cette impression. Le lecteur sait que V. Hugo s'adresse à sa fille morte ; or il lui parle comme si elle pouvait l'entendre, comme si elle était vivante.

2 Les indices temporels sont : « Demain, dès l'aube, à l'heure où… ». Le poète écrit la veille de son départ. Il partira au lever du jour (« dès l'aube »). C'est le début de la journée, le moment où le soleil se lève. Ce moment symbolise le retour de la lumière, une forme de renaissance. « Blanchit » signifie que le soleil commence tout juste à se lever, la nuit s'éloigne. La métaphore renforce « dès l'aube ». Le rejet de « Je partirai » est une manière de mettre en valeur l'action et le sujet de cette action.

3 Le poète dit qu'il ira à travers la forêt, la montagne car il ne peut rester loin d'elle plus longtemps. La répétition de « j'irai », en début de chaque hémistiche, scande le vers, donne l'impression d'une marche et renforce l'idée du déplacement, du voyage. Dans le vers 4, V. Hugo continue à s'adresser à sa fille et dit que leur séparation lui est intolérable (« je ne puis demeurer... ») : il va donc la rejoindre, mais nous savons qu'il ne peut rejoindre qu'une morte. Son amour de père ne peut pas supporter l'idée de la mort de Léopoldine.

4 Le temps des verbes est le présent et le futur, qui exprime les actions à venir (la décision de partir du poète) par rapport à l'instant de l'écriture. « Blanchit » est un présent de vérité générale. Les autres présents donnent au lecteur l'impression d'assister à la communication que le poète entretient avec sa fille. Les vers ont douze pieds : ce sont des alexandrins, vers nobles qui représentent une poésie classique. Le vers 1 est rythmé 2/2/8 : le rythme régulier du début s'amplifie à partir du cinquième pied. L'effet de régularité se retrouve au vers 3, coupé à l'hémistiche et construit sur le parallélisme des deux parties. Enfin, le vers 4, qui ne comporte aucune ponctuation, se dit dans un souffle. Les répétitions de « j'irai », qui reprennent l'idée de « Je partirai », font aussi écho à « je ne puis demeurer... ». La nécessité du départ sature toute la strophe. Le vers 2 est rythmé 4/2/6 et met en relief « Vois-tu », qui apparaît après une ponctuation forte et se termine à la fin du premier hémistiche (vers 6). Le rythme joue sur des régularités, des phases amples et des ruptures (vers 2), comme s'il s'accordait aux spasmes de douleur du poète. Les rimes sont croisées : « campagne » et « montagne » renvoient au voyage qu'il entreprend tandis que « longtemps » et « m'attends » renvoient au temps qui sépare la fille et le père.

5 Ces vers se construisent sur des négations, « sans, ni ». Désormais, Hugo est insensible à la beauté du monde extérieur, attitude renforcée par « les yeux fixés sur mes pensées » (vers 5). « L'or du soir... » est une métaphore qui évoque la lumière dorée du coucher du soleil, sa magnificence. La synecdoque « les voiles » désigne les bateaux. La figure de style extrait l'élément qui connote la légèreté, la toile poussée par le vent, le voyage ou le retour au port. Dans les vers 7/8, le poète apparaît dans toute sa solitude et sa tristesse. « Seul », monosyllabique, suivi d'une virgule, ouvre le vers 7, tout comme le rejet de « triste » au vers suivant. Les deux adjectifs se renforcent et leur position en début de vers met en valeur ce qu'est et ressent le poète. Les détails choisis au vers 7, « le dos courbé », « les mains croisées » dessinent l'image d'un homme accablé par la souffrance.

6 Hugo met du houx vert et de la bruyère en fleur sur la tombe. Il a trouvé ces fleurs dans la campagne, sur le chemin qui l'a conduit près de sa fille. « Tombe » a pour sujet « l'or du soir » et évoque la beauté de la nature. Il rime avec « tombe », la dernière demeure de Léopoldine. « Harfleur » est un petit port, la mer est proche, les bateaux se déplacent, reviennent au port. Le mot rime avec « fleur », mais la bruyère en fleur est offerte à la jeune femme morte. Ces rimes opposent la vie et la mort. Symboliquement, c'est la beauté de la nature, du monde, que le poète offre à sa fille.

7 Réponse libre.

Gustave Flaubert (p. 60)

❶ Ce passage est extrait de *Madame Bovary*, roman qui a valu à son auteur une inculpation pour offense à la morale publique et à la religion. Flaubert est le représentant du courant réaliste en littérature.

❷ Emma et Charles Bovary ainsi que leur bonne, Félicité, arrivent dans un bourg de la campagne normande, où ils vont s'installer. Ils ont voyagé aussi avec un marchand de tissus, Monsieur Lheureux et une nourrice, une femme qui nourrit au sein l'enfant d'une autre femme.

❸ C'est Charles Bovary qui descend en dernier parce qu'il s'est endormi pendant le voyage.

❹ L'adverbe est « complètement », le verbe « s'était endormi », l'indicateur de temps « dès que la nuit était venue ». « on » représente les gens qui ont voyagé, mais personne n'est nommé. Ce n'est pas le sujet particulier qui est important ici, mais ce qui est fait, c'est-à-dire être obligé de réveiller Charles. L'image du mari d'Emma est fort peu séduisante : il s'endort comme les poules (« dès que la nuit était venue »). Il ne s'intéresse pas aux autres voyageurs ; leur présence lui est indifférente et ne l'empêche pas de dormir profondément (« s'était endormi profondément »). Même l'arrêt de la voiture ne le réveille pas.

❺ Paragraphe 2 : le personnage principal est le pharmacien d'Yonville, Me Homais ; paragraphe 3, Emma Bovary ; paragraphe 4, un jeune homme ; paragraphe 5, Léon Dupuis. Dans ce texte, le narrateur ne s'exprime pas en « je ». Il est omniscient : il sait tout.

1 « Il offrit (ses hommages (...) ses civilités) ; dit qu'il (était charmé...) ; ajouta qu'il (avait osé...) ». Il offre « ses hommages à Madame, ses civilités à Monsieur », il est charmé « d'avoir pu lui rendre service », il a osé « s'inviter lui-même ». C'est un homme « cordial », amical, qui connaît les codes sociaux (il fait la différence entre saluer une femme et saluer un homme). Il a rendu service à Charles, mais il sait que le médecin lui enverra des clients : sa gentillesse n'est peut-être pas tout à fait désintéressée ! Il fait aussi preuve d'une certaine indélicatesse puisqu'il s'invite lui-même. La phrase est très longue, ponctuée d'un point-virgule et de virgules. Les actions, les verbes rapportant les paroles s'accumulent, donnant, avec la ponctuation, un effet de rapidité, de tourbillon.

2 Mme Bovary est dans la cuisine ; elle s'approche de la cheminée. Elle prend sa robe « à hauteur » (au niveau) du genou, la remonte jusqu'aux chevilles, tend son pied à la flamme, « par-dessus le gigot qui tournait ». Son pied est au-dessus du morceau de viande en train de cuire. Cette position n'est pas particulièrement élégante. Emma porte des bottines noires sans doute fines, vraisemblablement une jolie robe, attributs de la femme aisée, mais elle n'a pas les manières des aristocrates auxquelles elle rêve de ressembler.

3 La lumière du feu est « crue ». Ce n'est pas l'adjectif attendu (on attendrait plutôt « douce », « vive »...). Cette lumière dure révèle des détails qu'aucun observateur, excepté le narrateur, ne peut voir : la trame de la robe et les pores de la peau. Le vocabulaire n'est pas celui de la description romantique. Parler des fils qui constituent un tissu et des petits trous de la peau relève plutôt du lexique d'un technicien et d'un médecin.

4 Au début du paragraphe, le passé simple, temps du premier plan, exprime les faits et gestes d'Emma. Les actions se succèdent, puis la phrase ralentit son rythme pour s'attarder sur l'image du gigot « qui tournait », exprimée à l'imparfait. Le reste du paragraphe est à l'imparfait, temps du second plan. Le rythme plus lent permet de donner toute son importance à la description d'Emma, à la couleur rouge qui domine ce « portrait ».

5 C'est « un jeune homme » qui apparaît. Il se trouve « de l'autre côté de la cheminée » et regarde « silencieusement » Emma. C'est peut-être à travers son regard qu'est faite la description particulièrement peu flatteuse de la jeune femme. Il est silencieux et ses cheveux sont blonds. Flaubert écrit « à chevelure blonde » et non « à *la* chevelure blonde », comme si ce détail n'appartenait pas exclusivement au jeune homme, mais à tous ceux dont il est le stéréotype. Il représente le Prince charmant, tel qu'il est décrit dans les romans d'amour qu'aime lire Emma.

6 Les verbes et expressions qui expriment l'ennui de Léon sont : « Comme il s'ennuyait beaucoup à... ; reculait l'instant... ; espérant qu'il viendrait... ; faute de savoir que faire... ; subir depuis... ; ». Non, il n'a pas provoqué la proposition de dîner avec les nouveaux venus faite par Mme Lefrançois ; il l'accepte simplement, avec joie. Il semble passif, sans esprit d'initiative. Il est englué dans son ennui, mais paraît n'avoir aucune imagination pour s'en sortir. Son travail à l'étude du notaire n'est sans doute pas passionnant : il recopie des actes officiels. La vie dans cette petite ville de province ne présente pas d'intérêt particulier, mais le jeune homme n'a pas les ressources néces-

saires pour se trouver des activités stimulantes et rompre avec la routine ; d'ailleurs, après son travail, la seule chose qu'il fasse est d'aller dîner à l'auberge : « faute de savoir que faire ». Réponse libre.

7 Réponse libre.

Charles Baudelaire (p. 62)

❶ Ce poème est extrait du recueil *Les fleurs du mal*. De l'association des deux mots, naît une antithèse. *Les fleurs* font penser à la beauté et *mal* fait penser au péché, à la souffrance. *Fleur* et *mal* sont liés par la contraction de la préposition « de » et de l'article « le » : *du*. Pour le poète, la beauté est sans doute associée à la souffrance, au mal.

❷ Le poème est constitué de deux strophes de quatre vers (quatrains) et de deux strophes de trois vers (tercets). C'est un sonnet, qui est apparu en France au XVIe siècle. Il venait d'Italie (Pétrarque).

❸ Les correspondances baudelairiennes établissent des analogies entre le monde des sens et les aspects cachés de l'univers. Le courant littéraire est le symbolisme. Réponse libre.

❹ La majuscule signifie une personnalisation.

1 Pour Baudelaire, la Nature est « un temple », c'est-à-dire un lieu où les hommes communiquent avec le monde caché. Ses « piliers » sont « vivants » et l'on y entend des « paroles ». Cette Nature est donc vivante. C'est le mot « homme ». Le parallélisme montre que « Nature » et « homme » sont indéfectiblement liés. L'homme « passe » dans cette Nature. Le mot peut être compris comme le fait de se promener, de marcher ou/et renvoyer à la condition éphémère, mortelle de l'homme, qui ne fait que « passer » sur cette terre.

2 « Vivants piliers » renvoie à « paroles ». La Nature est vivante, mais ses paroles sont « confuses ». Il n'est pas facile de les interpréter, soit parce qu'elles sont difficilement audibles, qu'elles se mêlent, soit parce que l'homme n'est pas assez attentif, assez sensible pour les comprendre, en saisir la dimension symbolique (« paroles » rime avec « symboles »). Cette Nature n'est pas hostile puisqu'elle observe l'homme « avec des regards familiers ». Elle est presque protectrice.

3 La Nature symbolise le monde, à la fois le monde sensible et celui qui est caché que seul le poète est capable de déchiffrer. L'homme est aveugle et sourd : il ne fait que « passer » sans rien comprendre ni sentir.

4 Les sujets grammaticaux de « se répondent » sont « Les parfums, les couleurs et les sons ». « Les parfums » renvoie au sens olfactif, « les couleurs » à la vue et « les sons » au sens auditif. Pour Baudelaire, tous les sens se font écho, dialoguent, se mêlent : ils ne sont pas séparés comme le pense le commun des mortels. Son synonyme est « correspondent ». « se répondent » rime avec « se confondent ». L'idée des correspondances est ainsi renforcée.

5 La figure de style est une comparaison. Ses deux composantes sont les « de longs échos » et « Les parfums, les couleurs et les sons… ». Il y a analogie entre ce que l'on entend, ce que l'on sent, ce que l'on voit.

6 Deux autres comparaisons coordonnées par « et » apparaissent à l'intérieur de la comparaison principale : « vaste comme la nuit », « comme la clarté ». « Nuit » s'oppose à « clarté » mais ces deux réalité antagonistes ont en commun l'immensité : « vaste ». Le vers 6 joue sur les associations inattendues des termes « ténébreuse » et « profonde » qualifiant « unité ». Les deux adjectifs ont en commun ce qui est obscur. Le premier rappelle les ténèbres, la nuit, le noir, l'angoisse, la mort peut-être ; le second insiste sur ce qui est grave, difficile à atteindre, à comprendre. « unité » rime avec « clarté », terme en opposition complète avec « ténébreuse » et « nuit ». Dans cette rime, il y a sans doute l'une des clés du poème : Baudelaire est à la recherche de l'unité, d'un monde qui unit plutôt qu'il ne sépare. Les correspondances évoquées dans cette strophe sont celles des sons, des parfums et des couleurs. Dans la strophe précédente, ce sont celles des « paroles » et des symboles de la Nature, lien quasi impossible entre l'homme et le monde caché.

7 Baudelaire choisit des « parfums frais », c'est-à-dire légers, qui rappellent le printemps. Ils sont comparés à des « chairs d'enfants », aux parfums sans doute légers, printaniers. Ce qui est troublant est l'emploi du mot « chair », en général relié au plaisir (les plaisirs de la chair) ou à la mort (la chair est mortelle). Les parfums sont aussi « Doux » et « verts », ces adjectifs entrant dans deux comparaisons : l'une avec un instrument de musique, l'autre avec une partie de la nature. Les parfums sont le lieu de correspondances entre l'odeur et le toucher (frais), l'audition, la musique et le toucher (doux), la vue, les couleurs (verts). « Corrompus » peut signifier « abîmé, altéré », adjectifs qui qualifient un parfum trop vieux, qui a perdu ses fragrances. Il peut aussi avoir le sens de « bas, mauvais, dépravé ». Dans ce cas, les correspondances ont aussi une dimension morale.

8 C'est le sens olfactif qui exprime le mieux les correspondances : le vers 13 énumère quatre parfums précieux. Ils parviennent à réunir l'esprit et les sens. Dans le quatrain 2, le mot « unité » annonçait déjà cette vision du monde. Réponse libre.

Verlaine (p. 64)

❶ Le titre est : « mon rêve familier » ; le pronom possessif renvoie à la première personne « je ». « Familier » veut dire ici quelque chose d'habituel, de répétitif. C'est sans doute un rêve que le poète fait souvent.

❷ L'adjectif « saturnien » renvoie à la planète Saturne, symbole de tristesse, de mélancolie. Verlaine dit qu'il est né sous le signe de Saturne. « Melancholia » est à rapprocher de la mélancolie, sentiment de profonde tristesse, de nostalgie de ce qui a été perdu. Verlaine s'est inspiré du tableau d'Albert Dürer qui a peint un personnage symbolisant la tristesse. Réponse libre.

❸ Ce poème est un sonnet : il est composé de deux strophes de quatre vers (quatrains) et de deux strophes de trois vers (tercets) ; les rimes sont embrassées dans les quatrains (a/b/b/a). Elles s'organisent de la façon suivante dans les tercets : c/c/d, e/d/e. Les vers sont des alexandrins (douze syllabes).

❹ C'est le poète (« je ») qui parle (« Je fais… »). Le thème est le rêve. Réponse libre.

❺ L'adverbe « souvent » indique une activité qui se répète régulièrement. Le poète passe de « mon rêve », chose qui lui appartient, à « ce rêve », où le démonstratif « ce » a une valeur de rappel ; il fait écho au titre.

1 Le rêve est qualifié d'« étrange », bizarre, inquiétant, et de « pénétrant », c'est-à-dire profond, qui produit une forte impression. « étrange » s'oppose à « familier » : on est en présence d'un paradoxe.

2 Le poète rêve d'une femme « inconnue » qu'il aime ; elle aussi l'aime, le comprend. Mais le caractère étrange de cette femme réside dans son changement permanent : elle n'est « chaque fois, ni tout à fait la même /Ni tout à fait une autre ». Le poète ne sait pas exactement qui elle est. En revanche, ce qui ne change pas, c'est l'amour qu'elle lui porte : on note deux fois « [qui] m'aime ».

3 Le lien grammatical est la conjonction de coordination « et » (utilisée 7 fois) qui produit un effet de renchérissement, d'ajout, d'accumulation. « Je fais souvent ce rêve

//étrange et pénétrant », « D'une femme inconnue// et que j'aime// et qui m'aime », « et qui n'est// chaque fois// ni tout à fait la même », « Ni tout à fait une autre// et m'aime et me comprend ». La musicalité des vers 1 et 4 repose sur des assonances en [en] : « souvent, étrange, pénétrant, comprend », une allitération en [R] : « rêve, étrange, pénétrant, autre, comprend » ; le rythme plus cadencé des vers 2-3, consacré davantage à la femme, est orchestré sur les assonances en [oeu]/[ai] : « D'une, que, j'aime, m'aime, n'est, fait, même », l'allitération en [m] renvoyant à l'amour : « femme, j'aime, m'aime, même ». Il y a un effet d'écho dans la structure même des vers : les vers 2-3 sont construits en miroir (6//3/3, 3/3//6), marquant ainsi un équilibre, soutenu par la musicalité, le rythme doux, mélodieux.

4 « elle me comprend » : de nouveau, le poète insiste sur la compréhension (comprendre = prendre avec soi) dont fait preuve cette femme et qui lui semble extraordinaire. « Elle seule » est répété trois fois, soulignant le caractère singulier de cette inconnue, mais aussi montrant peut-être l'étonnement du poète face à cette situation. Elle est la seule personne qui sache alléger ses souffrances ; c'est une femme maternelle, douce, affectueuse et empathique puisqu'elle souffre, pleure (« en pleurant ») avec lui. En creux, c'est la profonde solitude de Verlaine qui se dessine.

5 Les questions portent sur l'aspect physique (« brune, blonde ou rousse ? »), le patronyme (« son nom ? »). Le poète ne sait pas quelle est la couleur de ses cheveux, il ne se souvient pas non plus de son nom mais seulement de sa musicalité (« il est doux et sonore »). Il associe cette musicalité aux noms « des aimés que la Vie exila ». Réponse libre. On peut penser que les *aimés* sont Rimbaud et Verlaine ; ce sont peut-être Eve et Adam chassés du paradis, Tristan et Iseut liés à jamais par leur impossible amour, où tous ceux dont l'amour est réprouvé par la société, que La *Vie* exile, rejette. La vie est personnifiée, devient agissante. Sans doute aussi, pour le poète, l'Amour véritable n'est-il pas possible dans la Vie.

6 Le poète est sensible au regard et à la voix de cette femme. Son regard est comparé à celui des statues : c'est un regard pétrifié, figé, un regard mort.

7 La voix est « lointaine, calme, grave », comme si elle venait d'un autre monde. « se sont tues » rime avec « statues ». C'est une rime sémantique. Les sonorités semblables (statues /se sont tues), la musicalité (le son [S]), le sens, rapprochent les deux mots dont le point commun est la mort.

8 La femme apparaît dans le rêve du poète. Il la rattache à un monde étrange, lointain, mais cette inconnue est cependant proche du poète puisqu'elle est la seule à le comprendre. C'est peut-être la métaphore de la mort. Réponse libre.

Arthur Rimbaud (p. 66)

❶ Le poème est composé de quatre strophes : les deux premières comportent quatre vers (ce sont des quatrains), les deux dernières, trois vers (ce sont des tercets). Ce poème s'appelle un sonnet.

❷ Il y a un titre et un sous-titre, en italique et entre parenthèses. Le titre principal *Ma bohème* renvoie à la liberté, à la vie d'artiste, qui se joue des règles sociales, à une vie vagabonde, à l'encontre de normes partagées par le plus grand nombre. *Fantaisie* rappelle l'imagination, l'extravagance, la liberté que s'octroie le poète par rapport à la tradition (par exemple, ce sonnet ne respecte pas les normes traditionnelles du genre au niveau des rimes et mêle différents niveaux de langue), aux conventions sociales. Les italiques et les parenthèses du sous-titre signalent sans doute l'ironie du poète et son détachement des convenances.

❸ Rimbaud a écrit ce poème à seize ans.

❹ Réponse libre.

1 Les verbes de mouvement sont : « je m'en allais ; j'allais ». Les indications de lieu sont : « sous » (vers 3) ; « dans » (vers 6) ; « Mon auberge » ; « au bord des... » ; « au milieu des... ». Le thème du poème est le départ, l'errance.

2 « Mes poches crevées » signifie que la veste portée a des trous : elle est usée. Cette image de pauvreté est développée dans les vers 2 et 5. « Mon paletot devenait idéal » veut dire que la veste n'était plus qu'une idée de veste à force d'être usée. Cependant, « idéal » renvoie aussi à quelque chose de supérieur qui transcende le commun, les conventions habituellement admises. « Mon unique culotte avait un large trou » est le pendant, dans un niveau de langue standard de « mon paletot devenait idéal » (registre soutenu) et le parallèle de « mes poches crevées ». Dans ces deux strophes, se construit l'image du poète pauvre, démuni, image renforcée par l'utilisation du personnage du Petit-Poucet (perdu dans la forêt à cause de la misère dans laquelle vivaient ses parents). Rimbaud le qualifie de « rêveur », rappel de la fantaisie du poète, de son détachement des réalités quotidiennes, de ses évasions dans l'imagination.

3 Les expressions qui se rattachent ou évoquent la poésie sont : « Muse! et j'étais ton féal : » ; « j'égrenais dans ma course/Des rimes. » ; « Où, rimant... » ; « Comme des lyres... ». C'est le travail sur la rime qui semble privilégié ; il renvoie à la musicalité, interprétation corroborée par « lyres », symbole de la poésie qui évoque Orphée, accompagnant ses vers de cet instrument. Au vers 3, le poète apostrophe la Muse, son inspiratrice. Il est son serviteur (« ton féal ») et crée ce qu'elle lui « dicte ». C'est une vision très romantique de l'activité poétique.

4 Dans la strophe 1, les rimes sont embrassées. « crevées » rime avec « rêvées ». L'association des deux mots est étonnante car ils appartiennent à des champs lexicaux antagonistes, mais pour Rimbaud poésie/rêve/imagination sont liés à la pauvreté. « idéal » et « féal » jouent à la fois sur la musicalité (les sons ouverts qui s'opposent aux sons fermés des deux autres vers) et le sens : polysémie de « idéal », qui suggère dans le même temps pauvreté et aspiration supérieure, et « féal » qui dit la situation de serviteur du poète par rapport à la Muse. Le rythme du vers 4 est 3/9, dont la dernière partie va s'amplifiant. Les niveaux de langue se mêlent : « Oh ! là là ! » fait penser aux exclamations de l'enfant étonné et naïf, à l'oralité, alors que la suite du vers appartient à un registre soutenu. « Amours » est au féminin, comme dans la poésie courtoise. Ce choix du genre marque peut-être aussi une distance narquoise avec l'emploi habituellement masculin de ce mot. On ne sait de quelles amours parle le poète : celles entre les humains ou celles du poète avec la Muse, avec la poésie. Réponse libre.

5 Le rejet isole « Des rimes » de la phrase dont il fait partie, l'éloigne du verbe dont il est complément d'objet direct : il y a donc recherche de mise en valeur, d'insistance quant à ce fragment. Les images qui répondent à « Mon auberge était à la Grande-Ourse » sont « j'allais sous le ciel » ; « Mes étoiles au ciel avaient un doux frou-frou. ». Le ciel, les étoiles, sont l'univers du poète, éloigné de la terre et de ses vicissitudes. Les étoiles émettent des bruits, murmurent. Nous sommes dans les correspondances baudelairiennes, créations propres au langage poétique.

6 « Je les écoutais » reprend le vers 8. Le poète peut entendre, écouter ce qui n'émet pas de son, aptitude surprenante, mais renvoyant à sa sensibilité singulière qui peut saisir ce qui est impossible au commun des mortels. Les points communs entre les deux éléments de la comparaison sont le liquide (rosée et vin) ; le commencement, la jeunesse sont symbolisés par la rosée, l'idée de force se retrouve dans le « vin de vigueur ». Rimbaud a seize ans lorsqu'il écrit ce poème. Ce sont les débuts, les commencements de la vie qui l'enivrent : tout lui est ouvert, tout lui est promesse, tout est exaltant comme le vin.

7 En inversant les deux parties de la comparaison, nous obtenons : je tirais les élastiques (de mes souliers blessés) comme des lyres. Il est inattendu de comparer les élastiques des chaussures aux cordes (comparaison non explicite) des lyres. Le trivial côtoie le poétique, « blessés » se rapporte à « souliers » ; le mot ne peut que qualifier un être animé. La création poétique exploite les potentialités du langage pour créer des correspondances inattendues. Dans le dernier hémistiche, c'est l'image attendrissante d'un enfant levant la jambe pour rattacher les lacets (« les élastiques ») de ses chaussures, qui apparaît. Au sens figuré, c'est le rapprochement déroutant du pied et du cœur qui crée la surprise : tout se passe comme si cette partie du corps se rapprochait du « cœur », c'est-à-dire de la sensibilité, de ce qui permet d'être en communication avec la dimension poétique de la vie. C'est ce que signifie la chute du dernier hémistiche. D'autres interprétations sont possibles. Rimbaud joue avec les infinies possibilités du langage. Réponse libre.

Émile Zola (p. 68)

❶ Le texte comporte des parties narratives, un tiret correspondant à une prise de parole, ainsi que des guillemets qui indiquent des paroles rapportées au discours direct.

❷ Le titre de l'œuvre est *L'Assommoir*. C'est un instrument qui sert à assommer, à tuer. Par métaphore, c'est l'endroit (un café, un cabaret) où les personnes pauvres, les ouvriers boivent de l'alcool, le lieu où ils viennent « s'assommer » à force d'alcoolisme. L'alcoolisme est la cause principale de la déchéance des personnages de ce roman.

❸ Gervaise est une femme pauvre. Son amant, Lantier, un ouvrier, est resté à la maison avec leurs deux garçons, alors que Gervaise a rejoint d'autres femmes pour laver son linge. Lantier a refusé de lui donner le sien. Zola aborde ici, comme dans la plupart de ses romans, le milieu des ouvriers, des pauvres.

❹ Au départ, les deux enfants sont avec leur père, puis ils rejoignent leur mère (« viennent retrouver leur mère »). Ils s'appellent Claude et Etienne.

1 En apercevant leur mère, les garçons accourent vers elle. En passant entre les laveuses qui poussent « de légers cris de tendresse », ils ont l'air effrayé, ils ont peur. Devant Gervaise, ils ne bougent pas (« ils restèrent là »), la main dans la main (« sans se lâcher »), leurs « têtes blondes » levées, pour regarder leur mère.

2 Quand Gervaise pose la question « C'est papa qui vous envoie ? », elle veut savoir si c'est Lantier qui a bien envoyé ses enfants, mais aussi connaître la raison de cette décision. Puis, elle se baisse pour « rattacher les cordons des souliers d'Étienne » et découvre que Claude tient une clef à son doigt. Sans doute va-t-elle penser que son amant a dû s'absenter et qu'il lui a envoyé la clef, au cas où elle rentrerait avant lui.

3 Dans la réplique de la mère, « Tiens ! tu m'apportes la clef ! dit-elle, très surprise. Pourquoi donc ? », on note une ponctuation forte : des points d'exclamation qui montrent la surprise, l'étonnement. Gervaise semble ne pas comprendre la situation. Le point d'interrogation souligne son incompréhension et son désir de savoir.

4 L'enfant annonce que son père « est parti ». Gervaise croit qu'il « est allé acheter le déjeuner ». Les autres laveuses entendent tout ce que se disent Gervaise et ses deux garçons.

5 Claude a d'abord crié : « Papa est parti ». Puis il regarde son frère, hésite, semble ne plus savoir quoi dire (« ne sachant plus »). Mais il reprend la même phrase « Papa est parti » en précisant ce qu'il vient de voir : il a vu son père sauter du lit, mettre ses affaires dans la malle, la descendre à la voiture et partir.

6 Gervaise a compris : Lantier l'a abandonnée. Elle se retrouve seule, sans argent, et doit élever ses enfants. Elle se relève lentement, porte les mains au visage (« à ses joues et à ses tempes »), elle pâlit (« figure blanche »), elle a l'impression que sa tête va « craquer », exploser. Elle se sent très mal. Pour traduire l'état psychologique de Gervaise, Zola joue sur des effets de dramatisation. L'adverbe « lentement » évoque la difficulté avec laquelle le personnage se relève, comme si le poids du monde était sur ses épaules. L'adjectif

« blanche » donne l'impression que la vie s'est arrêtée, que le sang ne circule plus et le choc ressenti est traduit par une expression forte : « comme si elle entendait sa tête craquer. » Ce qu'elle apprend ressemble à une explosion : son malheur éclate, littéralement.

7   Gervaise répète l'expression : « vingt fois » « Ah ! mon Dieu ! », lamentation qui exprime son désespoir. Elle invoque Dieu, comme si elle n'avait plus d'autres mots pour dire l'horreur de sa situation. Elle est seule désormais et a une parfaite conscience que la vie sera encore plus dure. Comment nourrira-t-elle ses enfants ? De son côté, Mme Boche, une autre laveuse, interroge l'enfant, faisant semblant de s'intéresser au sort de Gervaise, alors qu'en réalité elle veut savoir s'il y avait une femme dans la voiture (donc si Lantier a trompé Gervaise). Zola emploie l'adjectif péjoratif « allumée » pour la qualifier ; ce mot signifie être excité à l'idée d'apprendre quelque chose. C'est une commère, jouissant du malheur des autres, surtout s'il concerne leur vie intime.

8   En fait, Lantier a refusé de donner son linge à laver à Gervaise car il avait prévu de s'en aller sans rien lui dire. Il est lâche. Dans cet extrait, Zola a entretenu le suspense en installant une atmosphère banale, quotidienne qui, peu à peu, laisse percer l'angoisse : les deux garçons arrivent, mais on ne sait pas pourquoi ils ont la clef ; Gervaise fait des hypothèses ; Claude répète la même phrase puis donne des détails ; enfin, Gervaise comprend ce qui se passe.

9   Réponse libre.

Guy de Maupassant (p. 70)

❶ Boule de Suif signifie « boule de graisse » ; c'est le nom donné à une femme de petite vertu, une prostituée. En fait, ce nom lui est donné parce qu'elle est assez grosse ; c'est « une petite ronde de partout », écrit Maupassant. Réponse libre. C'est une nouvelle.

❷ Boule de Suif, des bourgeois et des aristocrates, deux religieuses s'enfuient de leur ville de Rouen envahie par les Prussiens. Au cours du voyage, la prostituée, pleine de cœur, a partagé toute sa nourriture avec les autres passagers, qui n'avaient rien apporté. Les voyageurs passent la nuit dans une auberge où un officier prussien refuse de les laisser repartir, à moins d'obtenir les faveurs de Boule de Suif. Les autres voyageurs la persuadent tant bien que mal ; elle cède. La voiture repart le lendemain, très tôt.

❸ Boule de Suif s'est sacrifiée pour les autres ; elle s'est donnée au soldat prussien. Non, elle n'a pas agi de son plein gré : les autres l'ont encouragée et poussée à accepter la demande du Prussien.

❹ « Personne » représente les bourgeois, les aristocrates et les bonnes sœurs, qui ne regardent pas Boule de Suif ni ne pensent (« songeait ») à elle. Ils ont l'attitude des gens qui croient incarner la morale et la bonne conduite. Tous savent que la jeune femme s'est « prostituée » pour qu'ils puissent repartir, mais aucun n'a le courage de s'avouer qu'ils l'ont poussée à accomplir ce geste. Leur lâcheté s'exprime par une hostilité qui prend le masque de l'indifférence.

1   Boule de Suif se sent perdue (« noyée ») à cause du mépris des autres voyageurs, nommés par une antithèse : « gredins honnêtes » (les « gredins » sont des personnes malhonnêtes, mauvaises, qui ne peuvent donc être « honnêtes »). Maupassant souligne avec férocité un trait de la bourgeoisie, de l'aristocratie et de la religion, considérées comme « honnêtes » au regard de leur position sociale, mais déficientes au regard des qualités humaines. Ces gens ne font preuve d'aucune bonté ni générosité. Ils sont hypocrites, méchants et lâches.

2   Ces personnes « l'avaient sacrifiée d'abord » puisqu'elles l'ont persuadée, dans l'auberge, de manière sournoise, de satisfaire les caprices de l'ennemi. Puis elles l'ont « rejetée

ensuite », c'est-à-dire après l'acte qui lui a été imposé, après le départ. La comparaison, « comme une chose malpropre et inutile » souligne le regard social/moral porté sur la prostituée, qu'elle ressent comme une brûlure. Maintenant que tout le monde est dans la voiture, Boule de Suif ne sert plus à rien, elle est devenue « inutile », comme un objet que l'on jette après usage. « malpropre » renvoie à l'impureté, à ce qui est sale, tant au niveau physique que moral. Aucune reconnaissance n'est accordée à la jeune femme, pas même un merci.

3 « <u>Son</u> grand panier/ <u>ses</u> deux poulets /<u>ses</u> pâtés/ <u>ses</u> quatre bouteilles de bordeaux » : l'auteur insiste sur tout ce que possédait Boule de Suif lors de son départ avec les autres personnes. La reprise du pronom possessif souligne l'appartenance, mais le contexte met en lumière la différence d'attitude face à ce qui est possédé : dans la première partie du voyage, Boule de Suif a partagé ses victuailles, les autres gardent maintenant jalousement les leurs. Les adjectifs numéraux (<u>deux</u> poulets, <u>quatre</u> bouteilles) ainsi que l'adjectif qualificatif « grand » insistent sur la quantité, la profusion, métaphore de la générosité de la femme. (Les repas sont une thématique omniprésente dans la nouvelle et scandent tout le récit.). Les autres voyageurs ont avalé ses provisions avec avidité, voracité (« goulûment dévorées »), ce que possédait Boule de Suif, comme s'ils étaient affamés. L'adverbe et le verbe révèlent la dimension primaire des passagers qui s'empiffrent comme des démunis, oubliant les codes de leur classe sociale d'appartenance. Maupassant révèle leur vulgarité ; leur vie est en fait régie par l'instinct, la satisfaction des besoins.

4 Boule de Suif doit se sentir seule, isolée, triste et indignée face à l'attitude de ces personnes, mais au regard de ce qu'elle a vécu, elle ne peut plus rien éprouver (« sa fureur tombant soudain ») : elle ne peut que pleurer, seule réaction face à l'impuissance (« se sentit prête à pleurer »). Réponse libre.

5 Les verbes sont : « fit/ se raidit/ avala ». Maupassant attire l'attention sur les expressions successives de Boule de Suif (il y a une focalisation sur ce visage). Face à l'hypocrisie et à la mesquinerie des passagers, elle tente de se montrer à la hauteur (« fit des efforts terribles »), puis elle devient plus dure, essaye de se protéger du regard des autres (« se raidit ») et s'empêche de pleurer (« avala ses sanglots »). Elle est comparée aux enfants. Maupassant souligne son côté innocent et vulnérable. Il rend son personnage touchant par 1) la longue phrase qui contient six propositions séparées par des virgules (on remarque que le rythme est ascendant) ; 2) le choix du lexique (efforts terribles/ sanglots/ les enfants) décrivant le malaise de la jeune femme ; 3) la comparaison avec les enfants ; 4) l'accumulation des verbes (fit/ se raidit/ avala) qui produit un effet dramatisation et de rapidité des gestes esquissés.

6 Le récit s'organise autour de Boule de Suif et du regard que portent les autres voyageurs sur sa réaction : elle pleure, attitude peu conforme aux codes aristocratiques et bourgeois, qui imposent de cacher tout sentiment. La comtesse s'aperçoit des larmes de la jeune femme (« s'en aperçut (...) d'un signe ») et prévient son mari, qui décline toute responsabilité dans le malheur et l'humiliation de Boule de Suif et montre ainsi sa lâcheté. La bourgeoise, Mme Loiseau esquisse « un rire muet de triomphe ». Cette femme a retrouvé sa sécurité (la voiture repart) et ne veut plus penser à ce qu'elle doit à Boule de Suif. Elle reprend ses habitudes de classification sociale et juge avec mépris la prostituée qui l'a aidée, l'accablant par l'humiliation sociale et morale qui caractérise sa fonction, attribuant ses pleurs à une cause erronée : « elle pleure sa honte », image de ce qu'elle pense. Quant aux bonnes sœurs, après avoir satisfait leur faim (« après avoir roulé dans un papier le reste de leur saucisson »), reste qu'elles ne proposent pas à Boule Suif, elles se remettent à leur « travail » : (« elles se remettent à prier ») et oublient la parole de partage, d'amour, de pardon et de reconnaissance du Christ. Boule de Suif ne peut que pleurer, terrassée par ce qu'elle a fait pour permettre à ses compagnons de poursuivre leur fuite, anéantie par leur attitude de mépris à son égard. La critique sociale de Maupassant est féroce et il est évident que sa sympathie va à Boule de Suif, la prostituée mise au ban de la société, mais généreuse et attentive aux autres, jusqu'à l'abnégation.

7 Les deux bonnes sœurs se remettent à prier après avoir mangé du saucisson qu'elles avaient pris soin d'emporter avec elles. Elles ne daignent même pas en proposer à Boule de Suif, reléguée au rang de prostituée, donc expulsée de « l'Église ». Cette « Église » impose cependant le partage, acte minimal dans cette situation, qu'elle n'honorent même pas. Elles fuient leur responsabilité dans l'acte qu'a commis Boule de Suif. Tout comme les bourgeois et les aristocrates, elles sont enfermées dans leur système de pensée, de « croyances ». Elles sont lâches, comme tous les autres passagers. Réponse libre.

8 La diligence, la voiture qui emmène les personnages, symbolise un huis clos social : les personnages incarnent différentes strates de la société : l'aristocratie, la bourgeoisie, la religion, la prostitution. Maupassant dénonce la violence sociale et l'hypocrisie des nantis, qui se considèrent, et sont considérées, comme représentants des valeurs sociales, humaines et religieuses. Réponse libre.

Anna de Noailles (p. 74)

❶ Réponse libre.

❷ Il est extrait du recueil *Le Cœur innombrable*, titre qui peut faire penser à tous les sentiments qu'éprouvent les humains.

❸ Ce poème est composé de quatre strophes de quatre vers (quatrains) à rimes embrassées (abba/ cddc). Tous les vers sont des alexandrins.

❹ Presque tous les vers commencent par un verbe à l'infinitif.

❺ Ils commencent par les deux auxiliaires « être » et « avoir ». Réponse libre.

1 Malgré la voix que l'on entend, il n'y a pas la présence d'un pronom qui permette d'identifier la personne qui parle. De nombreux verbes sont à l'infinitif, mode impersonnel par excellence.

2 Elle se compare à « un arbre humain », dont la position debout fait référence à celle de l'être humain. Cette comparaison se poursuit au vers 2 avec le verbe « étendre » qui fait penser aux branches et le « feuillage » des arbres, rappelant ainsi la forte présence de la nature : « l'orage/ la sève/ les rayons du soleil/ le sel ardent des embruns ».

3 Les verbes à l'infinitifs concernant à la fois l'humain et l'arbre sont : « étendre, boire, goûter ». « Sentir » ne peut concerner que l'être humain car la nature ne « sent » pas. On a l'impression que l'humain est devenu nature, sensation, et que la nature a revêtu un caractère « anthropomorphique ».

4 Les deux noms sont « cœur » et « âme » : le premier peut symboliser les sentiments et le second l'esprit, la spiritualité.

5 Les mots évoquant une couleur sont : « feu, sang, l'ombre, pourpre soir, cerise, cœur vermeil, flamme, l'aube claire ». Il s'agit surtout de la couleur rouge, symbole de l'amour, de la vie, de la passion.

6 Les vers 11/12 ont le rythme suivant : « – S'élever au réel // et pencher au mystère », « Être le jour qui monte// et l'ombre qui descend » ; le parallélisme se fait entre les deux hémistiches de chaque vers, créant ainsi un effet de balancement, d'opposition (réel/ mystère ; le jour/ l'ombre ; s'élever/ pencher ; monte/ descend). La poétesse cherche à nous communiquer la contradiction de l'être, le désir d'embrasser le fonctionnement de l'univers, le cosmos. Elle veut devenir nature tout en restant humaine.

7 Le poème se clôt sur l'image d'une aube qui apparaît, symbole de la naissance du jour, de la vie, de la clarté. Les métaphores « l'aube claire appuyée au coteau », « l'âme qui rêve » et qui est « au bord du monde assise » insistent sur le caractère humain de l'aube et de l'âme : elles sont personnifiées par l'emploi des deux participes passés « appuyée » et « assise », créant ainsi une dimension poétique. Les points de suspension laissent se développer le suspense : tout n'est pas dit.

8 Production libre.

Marcel Proust (p. 76)

❶ Le titre est *À la recherche du temps perdu*, tome 1 *Du côté de chez Swann*. Le projet de Proust est de reconstituer l'édifice du souvenir en allant « à la recherche » du temps perdu, celui de son enfance, de son adolescence.

❷ La *Recherche* est composée de 7 tomes, dont le dernier, qui fait écho au titre : *Le Temps retrouvé*, renvoie au temps présent de l'auteur, à l'époque et au moment où il a fini son immense travail.

❸ Ce passage est extrait du premier tome, intitulé *Du côté de chez Swann*. C'est le début, la première partie, qui est proposé. Elle est consacrée à Combray, le village dans lequel le narrateur passait ses vacances, enfant.

❹ La première phrase commence par un adverbe de temps « Longtemps ». les majuscules isolent ce mot, lui donnant ainsi toute sa force. Il exprime la durée dans un espace-temps indéterminé.

1 La phrase commence par un adverbe de temps, « parfois », qui veut dire « à certains moments », « quelquefois ». Le moment évoqué est la nuit. Quand la bougie est éteinte, les yeux du narrateur se « fermaient si vite » qu'il n'a pas le temps de se dire qu'il s'endort. Il veut reposer le livre qu'il était en train de lire et éteindre (« souffler ») la bougie. Ce qui est étrange, c'est qu'il dit d'abord qu'il s'endort et puis après, il se dit qu'il est temps de dormir alors qu'il dormait déjà.

2 Pendant qu'il dort, il réfléchit sur ce qu'il a lu : il croit ainsi qu'il était un monument (« une église »), de la musique (« un quatuor »), un lieu de combat entre de grands hommes célèbres (« la rivalité de François 1er et de Charles Quint »). Pour lui, la lecture joue le rôle d'identification, de lieu de rêverie, d'évasion et de culture.

3 Au réveil, la croyance pour ce qu'il vient de vivre survit encore (« pendant quelques secondes »). Le narrateur ressent quelque chose qui lui pèse sur les paupières, comme s'il avait du mal à ouvrir les yeux, mais sa raison est en éveil (« elle ne choquait pas ma raison »). Il ne peut pas se rendre compte qu'il n'y a pas de lumière autour de lui. Il se trouve entre le sommeil et la veille, comme à moitié endormi.

4 Peu à peu, la croyance commence à devenir difficile à comprendre (« inintelligible ») car elle quitte le narrateur, comme ce qui se passe dans la métempsycose, l'émigration d'une âme vers un autre corps. Ce qu'il a lu ne lui appartient plus.

5 Non, car il retrouve « la vue » et découvre qu'il fait noir autour de lui. Cette obscurité est « douce et reposante » pour ses yeux et davantage pour son esprit. Mais elle devient « incompréhensible » ; de nouveau, le narrateur est ailleurs, dans ses pensées et dans ce qu'il ressent. Il est sans cesse entre le monde réel et celui des sensations.

6 Le temps dominant est l'imparfait, temps du passé, qui permet de présenter les circonstances, le décor, le déroulement des événements. Dans la narration, le personnage évoque plusieurs temporalités : celle liée au moment d'aller se coucher (« se fermaient…je n'avais »), celle qui renvoie à un autre temps, celui de son imaginaire (« j'étais moi-même… survivait »), celle d'un état vécu en dehors de tout autre temps, celui d'une autre croyance (« elle commençait ») et enfin celle du retour à la réalité (« se détachait de moi (…) je recouvrais (…) apparaissait »).

7 Production libre.

Guillaume Apollinaire (p. 78)

❶ Le poème est composé de strophes irrégulières (4 /7/ 2/ 4+6), de vers longs et courts. Aucune ponctuation n'apparaît. On dirait que la forme mime le mouvement du vent, du tourbillon. Le premier vers commence par un mot en lettres majuscules, produisant un effet de rupture avec le reste du texte et mettant en relief le nom « Automne ».

❷ Le titre est *Alcools*. Réponse libre.

❸ Le titre « Automne malade » fait référence à la saison, au temps. Il est en rupture avec le titre du recueil, *Alcools*, qui peut évoquer la chaleur des boissons alcoolisées, l'ivresse, le dérèglement des sens…Ce qui semble étrange, c'est la métaphore car l'adjectif « malade » ne se rapporte qu'aux êtres animés. La saison est personnifiée.

❹ Les adjectifs « malade, adoré, pauvre » sont employés pour qualifier des êtres animés. Ici, il s'agit d'une saison. Le poète transpose sur elle ses sentiments, créant ainsi une surprise, rendant l'automne « humain ».

❺ C'est le poète (« j' ») qui parle à l'automne (« tu »). Réponse libre.

1 Il l'apostrophe, emploie le pronom « tu » comme si elle était humaine. Les adjectifs « malade, adoré » signifient que la saison est sans doute finie, l'hiver s'installe doucement. Le poète aime cette saison, l'automne. Le futur (« mourras, soufflera ») et le futur antérieur (« il aura neigé ») placent l'événement comme envisagé dans un temps à venir ; ces temps annoncent irrémédiablement la mort de l'automne et la venue de l'hiver.

2 C'est « Meurs », à l'impératif, indiquant le basculement d'une saison à une autre. L'hiver est là et l'automne est en train de mourir. Les mots de la strophe 1 repris dans la seconde sont : les roseraies / richesse ; il aura neigé /blancheur, neige ; les vergers /fruits mûrs. Il y a eu transformation : une saison s'éteint pour que naisse une autre.

3 Dans les vers 8-13, il ne s'agit plus de la même nature : le poète évoque les oiseaux (« éperviers ») dans le ciel, l'univers fantastique des « nixes » (des jeunes filles petites, aux cheveux verts) qui renvoie au monde de la mythologie, le monde des animaux (les cerfs qui brament) au loin.

4 C'est le poète qui apparaît (« que j'aime ») ; il s'adresse à l'automne à la manière d'un poète romantique : « ô saison ». Il aime ses « rumeurs », les bruits qui sont produits : le brame des cerfs, le souffle du vent dans les feuilles. De nouveau, la saison est personnifiée. La musicalité de ce vers : « Et que j'aime ô saison que j'aime tes rumeurs » repose sur l'assonance en [ai] : « j'aime, tes », l'allitération en [m], rappelant l'amour, la répétition qui crée une certaine harmonie : « que j'aime/ que j'aime », l'interjection « ô » qui produit un effet ascendant, mettant en valeur la saison ainsi que le rythme qui peut suivre le mouvement : 3/3//6. C'est un alexandrin, symbole du vers noble.

5 « Rumeurs » renvoie à « l'ouragan soufflera », « les cerfs ont bramé ». En faisant rimer « rumeurs » avec « pleurent », le poète joue sur la polysémie des mots : rumeurs et pleurent ont en commun le bruit que le poète associe aux pleurs (« leurs larmes »). C'est un regard subjectif qui crée un univers poétique où forêt et vent éprouvent des sentiments humains.

6 La métaphore commence avec la personnification du vent et de la forêt qui pleurent, puis elle se poursuit au vers suivant : « toutes leurs larmes », larmes qui sont reprises en écho par « feuille à feuille » : elles tombent comme tombent irrémédiablement les feuilles en automne. Il y a beaucoup de tristesse et mélancolie dans ce texte. Pour le poète, l'automne annonce la mort. Il symbolise la défaite de la vie, qui s'en va, inexorablement et que soulignent les répétitions des sons allongés [oule], rimant avec « s'écoule ». Le poème se termine par un constat, bref et lapidaire, qu'il est difficile de réfuter : « la vie/s'écoule ». Réponse libre.

7 Réponse libre.

Robert Desnos (p. 80)

❶ Les guillemets signalent des paroles rapportées. Il y a dix vers : c'est un dizain.
❷ Réponse libre.
❸ Le titre de 1927 est *Les Ténèbres*. Il renvoie à l'obscurité, l'enfer et s'oppose au titre qui évoque la clarté, la lumière et sans doute quelque chose de joyeux.
❹ Réponse libre.

1 1 : La fleur ; 2 : Le coquillage ; 3 : La mer ; 4 : Le bateau ; 5 : Le feu ; 6 : Le bateau ; 7 La mer ; 8 : Le coquillage ; 9 : La fleur ; 10 : Je. À partir du vers 5, c'est-à-dire au milieu du poème, chaque mot est repris, mais dans un ordre inverse. Le vers 10 ne rentre pas dans cette composition puisqu'une trace du locuteur, « Je », apparaît.

2 Les éléments de la nature qui apparaissent sont : la fleur, le coquillage, la mer, le feu. L'objet est le bateau. Ils parlent : « disait ».

3 Les verbes sont : « luis » (briller) ; résonnes (émettre des sons ; s'emplir de bruit) ; « trembles » (produire un mouvement, remuer) ; « brilles » (émettre une lumière). Ils renvoient à la lumière, au mouvement et aux sons.

4 Les nouveaux pronoms personnels et les possessifs qui apparaissent sont : me, je, ton, ses, ton, elle. « Ton » réfère à la personne à laquelle on s'adresse et « je » réfère à l'élément de la nature ou l'objet qui parle (sauf au dernier vers). « Son » et « elle » réfèrent à une autre personne, la femme. Pour les verbes, c'est le pronom personnel qui change : on passe de « tu » à « je ». Des comparatifs d'infériorité sont utilisés (moins que) et certaines phrases sont plus longues, donnant un rythme plus ample au poème. Les propos se focalisent sur les yeux, le cœur, l'amour, le désir et la beauté.

5 Au vers 3, « trembler » a le sens de remuer, bouger. Au vers 6, il a un sens figuré : éprouver une très forte émotion, ici l'amour. Les éléments des comparaisons : vers 7 : « résonne/son nom en ton amour » ; vers 8 : « luis/le phosphore du désir ». L'évocation du nom de la femme aimée, qui se déploie dans l'amour du poète, emplit l'espace d'échos, de sons, de bruits ; le désir est si fort que personne ne peut l'ignorer : il brille même dans la nuit, comme le phosphore. « ton rêve creux » peut signifier un rêve vide, un amour qui ne repose sur rien, une imagination, un fantasme du poète ou alors qu'il est si fort qu'il enveloppe, devient un refuge pour l'être aimé. Les sons qui se répètent sont les [o] ouverts (rés<u>o</u>nne, ph<u>o</u>sph<u>o</u>re), les sons mouillé de « moins » et nasalisé [on] ; on peut aussi relever l'allitération en [r].

6 Ces vers se terminent sur « elle », la femme aimée, désirée. La fleur des Alpes rappelle sa beauté : « elle est belle », expression reprise deux fois par « je ». Le mot « belle », sa signification et sa répétition, scandent cette fin de ce poème. Le dernier mot, la chute, « émouvante » est en rupture par rapport à « belle » et place la femme sur le plan de l'émotion qu'elle fait naître chez le poète : elle devient bouleversante, touchante. (Signalons cependant que la beauté peut aussi être émouvante).

7 Les mots qui évoquent des couleurs : la fleur (blanche) ; le coquillage (rose, blanc, gris, nacré), la mer (bleu, vert, gris) ; le feu (rouge, orange, jaune) ; le phosphore (jaune brillant).
Les mots qui évoquent des sons : la mer, le coquillage (dans lequel on peut entendre la mer), le bateau (qui bouge), le feu (qui craque, pétille) ; résonne.
Les mots qui évoquent la lumière : luis, brilles, le feu, le phosphore.
Le rythme et la musicalité du poème reposent en grande partie sur les nombreuses répétitions. Ici, la nature est personnalisée et chaque élément parle au poète de la femme aimée, se fait complice et écho de cet amour. La nature est comme un immense écrin qui chante le désir et l'amour.
Les Romantiques, Baudelaire, Rimbaud ont souvent associé amour et nature.

8 Réponse libre.

Colette (p. 82)

❶ La présentation fait penser à un texte de théâtre (disposition des noms en début des répliques). Les « personnages » sont TOBY-CHIEN et KIKI-LA-DOUCETTE ; ces noms sont composés de nom propre (Toby) et de diminutif (Kiki) suivi d'un adjectif substantivé « la doucette » (douce + ette).

❷ Le titre de l'œuvre, *Douze dialogues de bêtes*, montre qu'il s'agit d'animaux qui parlent, ce qui peut sembler assez surprenant, étrange.

❸ Le titre de ce passage est « Music-hall », qui est un endroit où Colette a présenté des spectacles de danse.

❹ L'histoire se passe « à la campagne, l'été. ». « Elle », c'est la maîtresse de maison, Colette, qui se trouve avec les animaux qu'elle aime : un chien, Toby-Chien et un chat des Chartreux, un angora magnifique, Kiki-la Doucette. Tous les trois se reposent : la femme est allongée sur une chaise-longue, est à moitié endormie (« somnole »), les deux autres sont sur le sable, totalement étalés (« jonchent »).

1. Ils sont à la campagne depuis « une semaine ». Toby-Chien « bâille », ce qui provoque le réveil du chat. En général, on bâille quand on s'ennuie, quand on est fatigué.

2. En posant les questions « Quoi ?/ Mal à l'estomac ? », le chat veut savoir ce qu'a le chien, de quoi il souffre. En fait, le chien n'a pas mal à l'estomac mais il lui « manque quelque chose », il « n'aime plus la campagne ». La négation *ne… plus* indique que le chien aimait la campagne, avant. Aujourd'hui, il a changé.

3. En disant « jamais », Kiki rappelle au chien qu'il ment, qu'il n'a jamais aimé la campagne. Le chat traite le chien de « banlieusard », adjectif signifiant le fait d'habiter la banlieue, ici Asnières et Bois-Colombes, près de Paris, villes ouvrières à l'époque de Colette. Pour Kiki, le chien ne connaît pas grand chose, à part ces deux villes, auxquelles son horizon est « borné », limité.

4. Le chien *voudrait* travailler ; il se plaint d'être oisif, de ne rien faire. Pendant que le chat lui parle, il « *n'écoute pas* » ; son esprit est ailleurs.

5. Le chat est sévère avec le chien qu'il qualifie de « banlieusard », de « mégalomane » (il a la folie des grandeurs, aime tout ce qui est immense), d'animal inutile, ne servant à rien. La répétition du verbe *travailler* et les exclamations montrent l'étonnement du chat, son mépris : il ne croit pas du tout le chien. On imagine le chat dans une posture de supériorité. Son attitude doit être hautaine. Il est sans doute imbu par la noblesse de sa race. Pour lui, le travail est une occupation vulgaire.

6. Toby-Chien dit au chat qu'il peut « rire » (sans doute que le chat a ri en lui faisant ses remarques). Il prend un ton *noble*, imitant peut-être celui sur lequel le chat lui a parlé. Il rappelle qu'il a gagné sa vie durant six semaines avec Elle, qui l'a choisi, le distinguant ainsi du chat. Sa réplique est drôle : il parle de lui comme s'il était un humain, collaborateur privilégié de sa maîtresse.

7. « Elle » joue au Music-Hall, aux Folies-Élyséennes, elle doit être danseuse, chanteuse, comédienne… « Elle » est « têtue, dispersée, extravagante », alors que le chien est « brouillon » (il n'a aucune rigueur), « indécis » (il ne sait pas ce qu'il veut), c'est un « happeur de vide » (on l'imagine ouvrant la gueule pour attraper des choses imaginaires). Le chat admire sa maîtresse : elle a du caractère, c'est une artiste, remplie d'imagination, qui n'en fait qu'à sa tête, qui agit comme elle le désire, tandis que le chien est totalement vide et inintéressant. Kiki n'a pas fini de parler, les points de suspension montrent que le chien lui coupe la parole, sans doute mécontent d'entendre dire du mal de lui. « Vous n'avez pas autre chose à me dire ? » montre son agacement, il vouvoie le chat et prend un ton théâtral.

8. Le comique de la dernière réplique repose sur la manière de répondre de Kiki : ce chat, qui ne connaît ni le dramaturge Rostand ni le personnage de Cyrano, répond à la façon d'un personnage de théâtre. D'une certaine manière, il montre au chien qu'en fait, c'est lui l'artiste.
Production libre.

Henri Michaux (p. 84)

❶ Il s'agit de la Chine. Michaux s'est beaucoup intéressé au continent asiatique, à l'Inde, la Turquie, l'Équateur (l'Amérique).

❷ Dans le texte, ce sont les noms propres « le Chinois » qui apparaissent trois fois, le nom du pays : « Chine », et l'adjectif « chinois(e) » qui revient quatre fois.

❸ « Barbare » a d'abord eu le sens de « étranger, inculte », puis d'« homme étranger à la civilisation d'un pays qui n'est pas le sien ». Les Grecs de l'Antiquité considéraient tout étranger à leur culture comme barbare. À partir du XVIe siècle, le sens de « violent, cruel, sauvage » se développe. Ici, ce nom désigne le Français, Michaux, qui se rend dans ce pays qu'il ne connaît pas et qui l'étonne. Réponse libre pour le titre (ex : un Français découvre la Chine).

❹ « Le peuple chinois est artisan-né ». « Artisan » indique qu'il s'agit d'un métier d'artisanat, un métier manuel. À ce mot est adjoint le participe passé « né » signifiant la dimension innée de cette caractéristique. Pour Michaux, l'ingéniosité de ce peuple est « naturelle », elle fait partie de lui à la naissance.

1 Les deux phrases qui ont un sens proche de la première sont : « Le Chinois est artisan et artisan habile. » / « Sans être habile, on ne peut être chinois. ». Le mot artisan est renforcé et développé par l'adjectif « habile » qui renvoie à l'adresse, l'habileté, l'intelligence pratique.

2 Ce qui est « impossible », c'est d'être chinois si l'on n'est pas « habile ». À la forme affirmative, cela donne : « pour être habile, il faut être chinois ». Cette affirmation est étonnante car elle signifie que l'habileté dépend exclusivement du fait d'être chinois. L'exagération de la remarque est sans doute humoristique.

3 Le paragraphe 3 est consacré à une énumération d'exemples concernant ce que « le Chinois » a trouvé. De nombreux domaines sont abordés : l'art (gravure), la science (anthropométrie, acupuncture, circulation du sang), la technique (brouette, imprimerie, poudre à canon, fusée, cerf-volant, taximètre, moulin à eau, boussole).

4 Le Chinois mange avec « deux bâtonnets », ce qui montre une fois de plus son habileté. Il aurait pu « inventer la fourchette », instrument facile à manipuler (« maniement ») que « cent peuples ont trouvée ». Mais cela lui « répugne », il le refuse avec mépris car il n'aime pas la facilité. Il préfère inventer, exercer son esprit, mettre à l'épreuve son imagination. Il aime ce qui est compliqué, sophistiqué.

5 L'expression anglaise *unskilled worker* signifie « travailleur sans qualification ». Michaux affirme qu'en Chine, il n'existe pas de travailleur qui ne soit pas un « expert ». Il prend l'exemple du crieur de journaux. Réponse libre.

6 Le crieur de journaux européen est jeune et romantique. C'est un garçon qui crie (« gamin braillard »), qui se donne beaucoup de peine, mais qui ne planifie pas sa tâche ; il n'est pas pragmatique. Il ne regarde pas le client potentiel, mais se précipite sur la personne rencontrée (« vient se jeter à vos pieds »). Au contraire, le crieur chinois est un « expert », il sait quelle démarche adopter : il « examine la rue », « observe où se trouvent les gens », met « la main en écran » pour s'adresser aux personnes sans crier (vers une fenêtre, un groupe…). Il est calme, rigoureux, organisé.

7 Le présent domine dans ce passage. Il donne l'impression que le texte avance par définitions successives : « Le peuple chinois est artisan-né », il présente le récit comme s'il se déroulait maintenant (présent gnomique = de narration), c'est un présent élargi, à valeur générale. Michaux porte un regard quasi-admiratif sur ce peuple qu'il « fige » dans le présent, comme s'il était parfait. Ce n'est pas un voyageur ethnocentrique : il sait regarder et apprécier la différence chez l'autre. Il présente le peuple chinois de manière très positive et semble dire qu'il est nettement plus évolué que les Européens. Dans ce sens, c'est lui le barbare, et non l'autre.

8 Production libre.

Jean Giraudoux (p. 86)

❶ Il s'agit d'un texte de théâtre : les noms d'Andromaque et d'Hector reviennent à chaque nouvelle réplique. Andromaque, princesse de Troie, est la femme d'Hector, le héros et défenseur de Troie contre les Grecs. Il sera tué par Achille.

❷ Le titre de l'œuvre, *La guerre de Troie n'aura pas lieu*, fait référence à Troie, ancienne ville de l'Asie Mineure. La guerre de Troie raconte l'enlèvement d'Hélène, femme du roi de Sparte, Ménélas, par Pâris, un jeune Troyen. Les Grecs (Achille, Agamemnon, Ulysse...) vont se venger en assiégeant la ville de Troie. Ce récit est relaté dans *L'Iliade* d'Homère. Giraudoux reprend un mythe pour l'adapter à son époque.

❸ Giraudoux s'est inspiré de *L'Iliade* d'Homère. Le thème des deux œuvres est la guerre.

❹ Malgré la négation de l'affirmation que porte le titre *La guerre de Troie n'aura pas lieu*, Giraudoux était un visionnaire : il a senti les prémices de la guerre et ce titre peut être lu comme un exorcisme.

1. Lorsqu'Andromaque demande à Hector s'il se « sent un dieu à l'instant du combat », il répond : « Très souvent moins qu'un homme ». En disant « moins que », Hector met l'accent sur le côté « animal », féroce, non humain de l'homme au combat ; c'est comme s'il était une bête face à l'ennemi. On notera le glissement de « dieu » à « moins qu'un homme ».

2. Hector ne dit jamais « je », comme s'il n'assumait pas ce qu'il disait. Il emploie le pronom personnel indéfini « on », qui marque l'indétermination. Il peut être employé pour parler d'une ou plusieurs personnes. Ici, il représente Hector et ses hommes.

3. « On » se sent « allégé, étonné, mué » : il semble ne plus appartenir à la réalité, ne touche plus terre. Illusion et griserie de la puissance. Le corps a « un autre poids » et les armes « sont d'un autre alliage ». La vie du combat donne à Hector une sensation d'irréalité : il est léger, insouciant.

4. « On est invulnérable », « on est tendre », « on est impitoyable » : ce qui est beau, c'est de se sentir comme un dieu : invulnérable ». Rien ne peut toucher Hector, comme s'il était fait d'une autre matière ; ce qui est terrible, c'est la violence, il n'y a pas un sentiment de pitié envers l'autre. Il faut tuer. On est à la fois généreux (« tendre ») et bestial. Avant l'affrontement, « on » a un comportement quasi admirable : il avance lentement, fait attention à tout ce qu'il peut trouver sur sa route : le scarabée, le moustique. Il respecte ce qui vit dans la nature. Dans l'ensemble de la réplique, Giraudoux traduit le point de vue d'Hector à travers plusieurs procédés : 1) la répétition du pronom indéfini « on » suivi des actions et de l'expression des sentiments ; 2) la reprise sous forme de variation de l'adjectif « tendre » : « tendresse (trois fois), tendre, tendrement » ; 3) l'abondance des adverbes qui renforcent la façon de procéder : « lentement, distraitement, tendrement » ; 4) la gradation qui procède par ajout /rectification : « presque distraitement, mais tendrement, Et l'on évite aussi, Et l'on ...sans, Jamais l'homme... ».

5. Andromaque veut savoir comment « on » se comporte face à l'« adversaire ». Elle veut amener son mari à la réalité. Les points de suspension marquent l'attente : savoir la suite.

6. L'adversaire est « écumant, terrible ». Son visage doit faire peur. Il de la « bave », des « yeux blancs ». Hector le voit comme une personne « impuissante », « un pauvre fonctionnaire, pauvre mari....pauvre amateur de raki et d'olives ». Hector ressent « de l'amour pour lui », ce qui peut sembler paradoxal puisqu'il va le tuer. Le mot répété est « pauvre », employé ici au sens figuré de « qui inspire de la peine », misérable. « Alors on le tue » s'oppose à « On l'aime ». Les propos d'Hector sont contradictoires : il a conscience de ce qu'est et de ce que ressent l'ennemi, mais un seul doit survivre. Il partage son humanité mais doit le tuer pour ne pas être tué.

7 Andromaque désigne Hector et les militaires par « on ». Elle reprend deux fois le nom de « dieu » pour faire comprendre à Hector qu'il n'est pas surhumain, qu'il n'est pas un dieu. Hector est mis face à ses contradictions, à l'absurdité de la guerre et des massacres qu'elle engendre.

Michel Leiris (p. 88)

❶ Le titre de ce texte est *Gorge coupée*. Il évoque la souffrance, la violence, la mort.
❷ Le titre de l'œuvre est *L'âge d'homme*. Il signifie qu'un adulte est en pleine possession de ses moyens physiques et intellectuels. Leiris a 38 ans lorsque ce livre est publié.
❸ Le narrateur a cinq ou six ans. Le pronom personnel employé est « je » et le temps est le passé simple. Le texte est autobiographique.
❹ Le narrateur a été victime d'une agression. Réponse libre.
❺ Les personnages cités sont : les parents, le chirurgien, le vieux médecin de la famille, la mère. Le temps le plus employé est le passé simple ; c'est le temps du récit, qui présente des faits qui se sont déroulés dans le passé. Le narrateur les présente comme s'ils étaient détachés de lui-même.

1 En fait le narrateur a subi une opération chirurgicale banale : on lui a enlevé les végétations. Mais l'opération est jugée « très brutale » (superlatif) car elle a eu lieu sans anesthésie. La phrase 1 exprime le jugement *a posteriori*, celui que fait l'adulte en écrivant. La phrase 2 expose les faits, même si l'emploi du superlatif montre une trace de jugement du narrateur. Il y a une volonté de vérité dans le projet d'écriture de Leiris, de rétablir les faits dans leur réalité, de distinguer l'appréciation portée sur ce qui s'est passé et les faits qui ont vraiment eu lieu.
2 Les parents n'ont pas dit à l'enfant qu'ils l'emmenaient chez le chirurgien. Il pensait aller au cirque et il se retrouve chez cette personne, qui est assistée par le vieux médecin de la famille. Pour le narrateur, ses parents ont « commis (une) faute ». Réponse libre.
3 Le lecteur s'attend à lire un compte rendu objectif de ce qui s'est passé.
4 Le chirurgien apparaît sous l'image d'un ogre. Les détails retenus sont sa grande barbe noire et sa blouse blanche. Ce sont les « instruments tranchants » qui effrayent l'enfant. L'utilisation de « en » à la place de « à la » donne l'impression qu'il porte la barbe comme une blouse, c'est-à-dire que sa barbe le recouvre entièrement : l'effet qu'il produit est encore plus effrayant.
5 Le passage qui vient d'être lu n'est pas vraiment un compte rendu objectif des faits : la description du chirurgien est très subjective, elle insiste sur l'aspect effrayant du personnage qui remplit l'enfant de terreur.
6 Le narrateur raconte l'opération. Il en parle comme d'une « attaque soudaine », qui rappelle le terme « agression » de la première phrase, puis l'expression « plongea (...) gorge » souligne la violence du geste. Le hurlement que pousse l'enfant à la douleur qui surgit est caractérisé par une formule particulièrement forte et imagée : « du cri de bête qu'on éventre ». La phrase commence par « À partir de ce moment je ne me souviens de rien » pour mettre l'accent sur la seule chose qui lui reste en mémoire : la douleur. C'est toute l'horreur et la souffrance éprouvées que veut faire partager le narrateur.
7 Les noms : victime ; agression ; guet-apens ; coup monté, ogre, instruments (tranchants) ; attaque ; douleur. Les adjectifs : (gorge) coupée ; brutale ; sinistre ; abominable ; (instruments) tranchants ; effrayé. Les groupes verbaux : sans que je fusse anes-

thésié ; plongé un outil dans la gorge ; un cri de bête qu'on éventre. Les termes trouvés sont très nombreux, ce qui donne une indication sur l'idée de violence que veut transmettre le narrateur. La notation « sans que je fusse anesthésié » souligne les conditions particulièrement cruelles de l'opération. De nombreux mots renvoient à l'idée d'une attaque violente et préméditée, au crime. L'anecdote vécue, un fait somme toute banal, devient un événement épique. L'écriture transfigure le réel, fait émerger de l'ombre et du silence des expériences vécues par beaucoup, met des mots singuliers sur ce qui, parfois, ne peut être dit. Par l'écriture, l'expérience individuelle devient expérience partagée, commune.

Francis Ponge (p. 90)

❶ Le titre est *Le Savon*. Il fait référence à la réalité quotidienne, de la vie courante.

❷ Le texte se présente sous forme de vers longs et courts, d'un blanc typographique suivi d'un paragraphe. La première partie, en vers, contient des points de suspension, d'exclamation, d'interrogation. La seconde n'a que des points. Il n'y a pas de rimes.

❸ Habituellement, le savon n'est pas un objet auquel on accorde de l'importance. On s'en sert pour se laver et on le range. F. Ponge prend le parti de l'objet, va s'y intéresser et lui donner de l'épaisseur. L'objet devient sujet du poème. Réponse libre.

1 Le texte se présente à la fois comme une expérience poétique (« Voilà l'objet qui m'intéresse ») et une tentative de définition (« Si je m'en frotte les mains... »). Le poète suit avec précaution toutes les réactions du savon. Il donne vie à l'objet : « jubile, écume » et joue avec les mots : « des grappes explosives », « jouent à saute-mouton », « gymnastiques, acrobatiques... ».

2 Au vers 1, il question du lavage des mains avec le savon : « Si je m'en frotte les mains » ; c'est alors qu'il « écume, jubile » ; Ponge utilise des verbes qui renvoient à l'humain (personnification) créant ainsi la surprise : l'objet se réjouit, est content, exulte.

3 Les mots qui renvoient à « mains » sont des adjectifs qualificatifs : *complaisantes, souples, liantes, ductiles*. Ils permettent un jeu sur les connotations : les mains sont agréables au toucher, souples, malléables et en même temps, le savon les rend plus aimables, obéissantes, sociables. La polysémie des mots permet de multiplier les interprétations.

4 L'expression « Plus il bave, plus sa rage devient volumineuse » veut dire que le savon fait de plus en plus de bulles, de mousse. Le mot « rage » évoque la colère. Ponge accorde à l'objet un besoin d'expression. Il est comparé à la fois à un animal plein de rage et aussi à l'humain qui a « *La Rage de l'expression* » (autre titre de Ponge), un désir violent, une passion irrépressible de s'exprimer. Le travail poétique de Ponge s'élabore à mesure que l'objet prend forme. Le langage devient lieu de réflexion sur lui-même.

5 Le savon est mélangé à « l'air et l'eau ». Ce mélange forme « des grappes explosives de raisins parfumés ». Ainsi, entend-on le bruit des bulles qui explosent, sent-on le parfum du savon et voit-on la formation des bulles qui rappellent la forme des grappes de raisins.

6 Le savon, l'air et l'eau se « chevauchent », sont l'un sur l'autre ; cette image peut faire penser à l'acte sexuel ou à un jeu d'enfant.. Puis, ils « jouent à saute-mouton », comme les enfants, ce qui est plutôt drôle. « Chimiques, physiques, gymnastiques, acrobatiques, rhétoriques » ont en commun le son [ique] (qui fait peut-être écho au mot latin *hic* signifiant un point difficile, un problème). Pour le poète tous ces mots surgissent du frottement du savon, de son contact avec les autres éléments. Il y a une jubilation des choses et des mots. « Rhétoriques » est le dernier terme de l'énumération ; il est séparé des

quatre autres et vient après les points de suspension. Rhétorique renvoie à l'art de la parole, de la persuasion, comme si cette « production » du savon pouvait se donner à lire comme un art de la parole, indéfiniment recommencé. Mais le point d'interrogation suspend toute certitude.

7 Là encore, Ponge joue sur la connotation des mots : tant que le savon produit des bulles, fait de la mousse, « il raconte », il devient langage, jusqu'à ce qu'il disparaisse. Il est à la fois objet et sujet du poème : tant que l'objet existe, le poète en parle ; lorsqu'il s'amenuise jusqu'à disparaître, le sujet du poème disparaît avec lui. Le savon-sujet (« épuisement du sujet ») n'existant plus, la parole se tarit. Le poème se termine en même temps que le savon est fini. Le mot est l'objet qu'il représente. Lorsque le sujet/objet disparaît, le mot disparaît aussi, le langage s'épuise.

8 Ce texte se présente à la fois comme poème et prose ; la tension entre les deux renvoie à *Proêmes*, qui révèle pour Ponge la nécessaire intrication des genres jusqu'à leur confusion totale. Le poète privilégie le travail sur l'inspiration : les choses deviennent paroles, et les paroles deviennent choses.

9 Production libre.

Jean-Paul Sartre (p. 92)

❶ Les indications au-dessus du texte montrent qu'il s'agit du genre théâtral : « scène VII », le nom du personnage « Électre » et l'indication scénique « seule ». Ce passage est extrait de *Les Mouches*, titre étrange qui fait penser aux insectes noirs. En fait, il s'agit des habitantes des Enfers, les Erinyes, chargées d'infliger le châtiment pour tous les crimes de sang.

❷ Le personnage est Électre ; elle ne parle à personne (« seule »). Au théâtre, ce moment s'appelle un monologue.

❸ C'est Oreste. Il rentre sur scène, une épée pleine de sang à la main. Réponse libre.

❹ Les deux autres personnages sont « Égisthe » et « Clytemnestre ». Le troisième personnage est « Agamemnon », mari de Clytemnestre, tous deux parents d'Oreste et d'Électre. Égisthe est l'amant de Clytemnestre.

❺ Ce qui est entre parenthèses (Un temps. Elle prête…) indique ce que font les personnages. Ce sont des didascalies.

1 Électre regarde Égisthe, mort et étendu sur le sol. Le démonstratif « ça » reprend « Celui-ci est mort ». Les italiques peuvent marquer l'insistance avec laquelle le personnage prononce le mot et/ou signifier l'impossibilité de répéter le terme « mort ». Électre parle du vœu qu'elle avait fait : qu'Égisthe meure. Les temps jouent sur les différentes strates de la temporalité : le passé composé « je l'ai voulu » (Électre a souhaité la mort), se rapporte à ce qui est terminé dans le passé, le présent « je le veux » exprime l'instant présent, le moment de l'énonciation et le subjonctif « que je le veuille », porté par l'injonction « il faut que » a une valeur prospective et impérative.

2 Électre a vu Égisthe dans ses rêves (« en songe »), en position couchée (« étendu ») exactement là où il se trouve sur scène (« à cette même place »). Les deux phrases qui expriment la contradiction d'Électre sont : « Comme je le haïssais /ma haine est morte avec lui ». L'une est à l'imparfait, donc passée, et exprime une durée indéfinie ; l'autre au passé composé, exprime l'achèvement, le résultat. Elle éprouvait de la haine pour Égisthe ; maintenant qu'il est mort, elle n'éprouve plus rien.

3 Les six didascalies concernant Électre sont : Elle prête l'oreille / Elle regarde Égisthe / Elle s'approche de lui / Elle s'agenouille et jette un manteau sur le visage d'Égisthe /

Elle se relève / Elle arrache le manteau. Ces mouvements révèlent les contradictions et l'état d'agitation du personnage : elle fait attention, regarde le mort, elle bouge, se baisse et recouvre le regard du mort, se relève, arrache le manteau, comme si elle ne savait pas ce qu'elle voulait, ce qu'elle recherchait.

4 Électre la désigne par « l'autre », « elle », comme si sa mère était une étrangère, un être sans importance, anonyme. Elle est dans l'impossibilité de prononcer le mot « mère » : elle ne lui accorde plus cette « fonction » ; tout lien filial / maternel a disparu. C'est seulement lorsqu'elle entend les cris de Clytemnestre qu'elle la désigne par le possessif « notre ». Seul le meurtre de la mère reconstitue le lien et lui redonne sa place dans la généalogie familiale.

5 Électre fait un constat terrible : sa mère et Égisthe, nommés par « ennemis », sont morts. Ce constat fait écho à la dernière proposition : « mes ennemis sont morts et mon père est vengé. », déclaration qui semble dépourvue de tout sentiment. On apprend que la vengeance du père a été réalisée : Clytemnestre, aidée d'Égisthe, avait assassiné son mari. Électre attendait cette vengeance depuis longtemps.

6 Après une longue hésitation, Électre assume son choix : elle « jouit » de cet acte, en éprouve un immense plaisir, quasi-physique. Les répétitions et exclamations (qu'elle crie ! / Joie !), les reprises (Je l'ai voulu, ce regard / crie (…) ses cris), l'oxymore « je pleure de joie » expriment son soulagement, sa joie. Cependant, l'insistance des répétitions la montre dans un état proche de l'hystérie et l'oxymore suggère que sa joie n'est pas aussi pure qu'elle le voudrait : déjà pointe la souffrance, peut-être le remords.

7 Réponse libre. Électre n'a vraisemblablement pas fait son choix librement. Sa famille est frappée par la malédiction : Agamemnon a sacrifié sa fille Iphigénie lors de la guerre de Troie pour obtenir des dieux les vents favorables à son armée. Pour cette raison, Clytemnestre, aidée de son amant, le tue. À partir de ce moment-là, Électre est consumée par la haine et le désir de vengeance. Oreste, leur dernier fils, exécute sa mère pour venger son père.

Jacques Roumain (p. 94)

❶ Il s'agir d'Haïti et de Cuba. Réponse libre.

❷ Poussé par la misère, Manuel a travaillé pendant 15 ans à Cuba (il travaillait dans des plantations de cannes à sucre). De retour en Haïti, Laurélien lui demande de parler de ce pays.

❸ Non, Manuel ne répond pas vraiment à la question de son ami, excepté en ce qui concerne les superficies comparées des deux îles. Il semble lui dire que sa question n'est pas vraiment importante. Ce qui est important pour lui, c'est le fait d'appartenir à la terre haïtienne. « je suis fait avec ça » va plus loin que la notion d'appartenance : cette terre est en lui, elle est dans sa chair et son sang. Ses paroles s'accompagnent du geste de toucher la terre, de la caresser, signe de tendresse.

❹ Manuel est cette terre, elle se mêle à son sang et sa peau en a la couleur sombre : « la terre a déteint sur moi… ». « Ce pays (…) hommes noirs » signifie qu'Haïti appartient à tous les hommes noirs qui y vivent. Lorsque l'on a essayé de leur prendre leur terre, les Haïtiens s'y sont opposés, ont combattu l'injustice. « Sarclé » (arracher les mauvaises herbes) et « machette » (un grand couteau) appartiennent au vocabulaire des paysans. Ces termes soulignent la détermination des hommes et la violence de leur lutte pour que la justice soit respectée. (Voir aussi l'histoire d'Haïti, qui proclame son indépendance le 1er janvier 1804, après avoir défait les armées françaises, venues sur l'île pour soumettre la colonie et rétablir l'esclavage.)

1. Laurélien pense que Cuba est plus riche et que les gens y vivent mieux (« plus à l'aise ») qu'en Haïti.

2. Laurélien se demande à quoi cela sert de lutter ainsi puisque les hommes qui travaillent si dur n'ont même pas de quoi manger à leur faim (« remplir son ventre ») et n'ont aucun droit face aux autorités, qu'il qualifie de « malfaisantes », c'est-à-dire tout le contraire de « justes ».

3. La justice, la police, les fonctionnaires qui mesurent les terres, ceux qui spéculent (et donc ne travaillent pas) représentent les « puces », c'est-à-dire des insectes parasites qui sucent le sang des personnes ou des animaux. Laurélien est révolté. Réponse libre.

4. Laurélien a été jeté en prison parce qu'il est allé en ville sans chaussures (« souliers »). Il traduit son incompréhension par deux interrogations : il se demande où il aurait trouvé l'argent pour acheter des chaussures (alors qu'il n'a même pas de quoi manger) et ce que sont, ce que représentent « nous autres », les habitants, les pauvres. Deux adjectifs, « maltraités » et « méprisés » renvoient au malheur, à la violence, l'injustice qui frappent ces hommes et l'expression créole « les-nègres-pieds-à-terre » illustre l'absolue pauvreté des personnes (elles marchent pieds nus). Le narrateur veut nous faire partager l'incompréhension, mais aussi le désespoir de ceux qui, comme Laurélien, subissent la pauvreté, l'injustice et le mépris d'une société inique.

5. 1) Ce que nous sommes ? (Reprend les propos précédents de Laurélien). 2) Qui est-ce qui plante, qui est-ce qui arrose, qui est-ce qui récolte ? 3) Le café, le coton, le riz, la canne, le cacao, la maïs, les bananes, les vivres et tous les fruits, si ce n'est pas nous, qui les fera pousser ? 4) Mais sais-tu pourquoi, frère ? Les questions 2 et 3 insistent sur le travail de la terre et sur ceux qui effectuent ce travail, c'est-à-dire « nous », Manuel, Laurélien et tous les autres. La questions 2 est constituée de trois propositions juxtaposées, séparées par une virgule, commençant toutes par « Qui est-ce qui ». Les effets de parallélisme soulignent la volonté de convaincre. La question 3 est construite sur une longue énumération (qui renvoie à la richesse agricole du pays) et l'interrogation est rejetée en fin de phrase (à l'opposé de la question 2) : cette rupture renforce l'argumentation. L'incise « si ce n'est nous » introduit une question et met en valeur le propos ainsi que les personnes dont il est question.

6. La réponse de Manuel repose sur une évidence : « nous sommes ce pays et il n'est rien sans nous ». Ce sont les gens qui travaillent la terre qui font exister et vivre l'île ; sans eux, le pays n'existe pas. Cependant, les paysans, usés par le labeur et la pauvreté, oublient cette évidence. Après avoir rappelé le travail des hommes et énuméré toutes les richesses agricoles d'Haïti, qui devrait être un pays de Cocagne, il constate que les gens sont pauvres, malheureux, misérables. La gradation des adjectifs, les parallélismes de construction, les répétitions donnent force à l'argumentation et visent à convaincre.

7. Pour Manuel, c'est l'ignorance qui est la cause des conditions de vie misérable des paysans haïtiens car ils ne savent pas qu'ils sont une force. Lorsqu'il dit « une seule force », il pense à la force de l'union, idée qu'il explicite après les deux points : « tous les habitants, tous les nègres... ». Le terme « réunis » est rejeté en fin de phrase, pour souligner que l'espoir de sortir de la misère viendra de l'union de tous.

8. Quand les hommes « auront compris cette vérité », tous se lèveront et s'uniront pour arracher (« défricher ») la misère et construire (« planter ») une vie nouvelle, l'objectif final de Manuel. Là encore, c'est le vocabulaire du travail de la terre qui est utilisé pour dire le combat pour la dignité. Cette dernière phrase du texte, très longue, au rythme ample, se développe sur des images d'entraide, de collaboration (« le grand coumbite ») et de fonctionnement démocratique (« l'assemblée générale »). « L'assemblée générale des gouverneurs de la rosée » reprend le titre de l'œuvre. Le titre est à la fois poétique et politique. Il réunit deux termes antagonistes : gouverneurs et rosée. Il est impossible de gouverner, d'organiser la rosée. Cependant, cette image renvoie à la nature, à la terre : lorsque les paysans seront propriétaires de leurs terres, qu'ils pourront vivre de leur travail, alors ils seront « Gouverneurs de la rosée », c'est-à-dire maîtres de ce qui les fait vivre et maîtres de leur vie, dignes et libres.

Jacques Prévert (p. 96)

❶ Réponse libre.

❷ Ce poème est extrait du recueil *Histoires* ; ce titre fait référence aux écrits historiques, aux nouvelles, aux récits que l'on raconte aux enfants.

❸ Le poème est composé de deux parties, inégales, séparées par un blanc typographique. L'une raconte l'histoire de la mort du petit oiseau et l'autre contient une morale. Ce texte rappelle la fable (les *Fables* de La Fontaine).

❹ Il y a une seule ponctuation : le point à la fin. Quant aux rimes, Prévert ne semble pas s'en préoccuper : au début, on a des rimes plates (é/é, ge/ ge), puis, des rimes croisées (ailles/ é/ aille/ é) ; puis à partir du vers 15, tout semble se « dérégler » et l'on ne trouve qu'une rime plate (racont*é*/ s'envol*er*).

❺ L'histoire se passe dans un village. « Une petite fille » est le personnage qui apparaît ici. Ce qui peut sembler bizarre, étrange, c'est la cérémonie organisée pour la mort du petit oiseau.

1 L'adjectif qui qualifie le village est « désolé » ; ce mot signifie qu'il est profondément triste. Cette tristesse, cette désolation est due au « chant d'un oiseau blessé » à mort et que le chat « a à moitié dévoré ».

2 La particularité de ces deux animaux est qu'ils sont les seuls du village : un chat, un oiseau ! Non, ce n'est pas réaliste. C'est l'une des caractéristiques de la poésie de Prévert de créer des situations inattendues, surprenantes, qui se rapprochent parfois de celles rencontrées dans les contes.

3 L'oiseau, étant mort, ne chante plus (« cesse de ») ; le chat, lui est repu, a l'estomac plein ; il ne ronronne plus. Les vers 6-7 sont presque symétriques, le même lexique est repris : « cesse de », « chanter » fait écho à « ronronner », deux verbes à l'infinitif, renvoyant à deux activités dont l'une s'est définitivement arrêtée.

4 Ensuite, le village organise de « merveilleuses funérailles » pour l'oiseau. Normalement, on fait cela pour les êtres humains. Là encore, la poésie de Prévert surprend par cette situation quelque peu anormale, qui émeut et fait sourire en même temps. Les funérailles sont « merveilleuses », magnifiques ! Dans les vers 10/ 12, le côté grandiose des funérailles est totalement disproportionné par rapport à la taille du « petit cercueil ». On note aussi que « funérailles » rime avec « paille » : là aussi, il y a décalage entre la gravité de la cérémonie et la particularité de ce qui constitue le lit du mort.

5 La conjonction de coordination « et » revient cinq fois. Le poète recherche la simplicité ; il n'utilise pas d'autres liens logiques. « Et » crée aussi un effet d'accumulation, de catalogue. Ce mot a une utilisation très large, il ne porte aucun contenu de sens. Il permet seulement de lier des mots ou des fragments de phrases.

6 Dans les vers 11 à 13, le poète crée un univers proche de celui de l'humain : on n'*invite* pas un chat à un enterrement, il *marche* derrière un *petit cercueil* comme s'il s'agissait de celui d'un homme ; de même l'oiseau mort est *allongé* : on pense à la position d'un corps. Réponse libre.

7 À partir du vers 16, c'est le chat qui parle (*Lui dit le chat*). Son hypothèse est la suivante : s'il avait su que la mort de l'oiseau ferait toute cette peine à la petite fille, il l'aurait mangé en entier. Son raisonnement est à la fois logique, réaliste et cynique. Comme il n'avait pas envie de voir souffrir l'enfant, il lui aurait donc menti en lui disant qu'il avait vu l'oiseau s'envoler loin, « jusqu'au bout du monde », qu'il n'en reviendrait pas. Alors, la petite fille aurait eu *simplement* de la *tristesse* et des *regrets*, qui ne sont pas de réelles souffrances, tandis que le *chagrin* fait mal, est long à guérir.

8 Réponse libre. La morale est cruelle, cynique et en même juste : si le chat avait complètement mangé l'oiseau et menti, la petite fille n'aurait rien su et n'aurait peut-être pas été aussi malheureuse. Cette morale, plutôt cruelle et cynique, montre combien

Prévert peut décrire, avec un vocabulaire simple, dépouillé, une réalité complexe. Dans *Histoires*, le poète continue l'inventaire fantaisiste, pathétique des situations du monde quotidien : la violence, la liberté, la passion, la solitude.

René-Guy Cadou (p. 98)

❶ Réponse libre.

❷ Le poème est composé de sept strophes de deux vers, appelées « distiques ». La ponctuation est très présente : points d'exclamation et tirets. Le poème se présente sous forme d'un dialogue (les tirets).

❸ Le titre de l'œuvre est *Le diable et son train*. Il y a une dimension surréaliste à associer « diable » et « train ». Ce peut aussi être un jeu de mot sur l'expression : « aller son train », continuer sa marche, sa progression. Dans ce cas, le titre pourrait signifier que le diable (le mal) est présent et actif.

❹ Aux vers 5 (je), 9 (moi), 11 (m') apparaît le locuteur. L'interlocuteur apparaît aux vers 1 (vous) et 13 (tu). Plusieurs réponses sont possibles : l'interlocuteur peut être une connaissance, un ami. Il semblerait que ce soit aussi l'autre voix du narrateur qui se fasse entendre.

1 On répond par une objection (« mais ») qui porte sur une fleur et son parfum. Les points d'exclamation soulignent la force de cette objection. La réponse est vraiment surprenante : on attendrait plutôt une explication : « parce que je n'ai pas le temps, parce que je n'aime pas cette ville. »

2 « Mais » est répété six fois. Il marque l'opposition. Sa répétition souligne la force de l'objection et scande le poème.

3 On peut remarquer le parallélisme des constructions, une ponctuation semblable, les échos de « mais » ainsi que les assonances en [i]. Les deux vers n'ont pas de verbe. Le poète insiste sur le parfum des lys et sur la tristesse, comme s'il recherchait cette dernière et qu'elle était attachée à l'odeur de ces fleurs.

4 Ce qui se rapporte à la ville : « Paris, Les rives de la Seine ; leurs fleuristes, leurs servantes. » Ce qui se rapporte à la campagne : « l'odeur des lys ; du vert des feuilles ; chevaux ; servantes ; remises des châteaux ; la grande nuit mouillée ; la campagne agenouillée ; cette amère montée du sol ; la liberté des feuilles ; » Les groupes de mots se rapportant à la campagne sont nettement plus nombreux que ceux se rapportant à la ville, comme si l'univers du poète était saturé par la nature et ne pouvait accueillir celui de la ville. Le mot commun est « servantes ». Il semblerait que le poète soit sensible au fait qu'à Paris, comme à la campagne, il y ait des servantes. Cette réalité pourrait peut-être le faire changer d'avis et accepter d'aller dans la capitale. Mais cette idée est mauvaise, d'où l'exclamation « Que le diable tente ! » Le poète reconnaît là la tentation, la séduction du diable.

5 Le poète se présente comme quelqu'un de seul : « Mais moi seul ». Cette idée est reprise par « personne » au vers 12. Il est à la fois désespéré et heureux de « ne plaire à personne », de n'être aimé de personne. Ces sentiments contradictoires peuvent renvoyer à une image assez conventionnelle du poète : solitaire parce qu'incompris, donc malheureux et dans le même temps fier, donc heureux de ne pas faire partie de la masse des « autres », de ceux qui ne sont pas élus par l'inspiration poétique (d'autres interprétations sont possibles).

6 La métaphore de la « campagne agenouillée » évoque peut-être la dimension humble de la nature, par opposition à l'arrogance parisienne. Il y a aussi l'idée de prière, de lien avec Dieu. « Cette amère montée du sol » renvoie peut-être à l'odeur âcre qui

s'échappe de la terre quand celle-ci vient d'être labourée ou lorsqu'il a plu. « Agenouillée » rime avec « mouillée ». C'est une image humble, noyée de pluie, d'humidité qui nous est donnée de la nature.

7 On passe du « vous » au « tu ». « Pourquoi n'allez-vous pas… » reprend peut-être des paroles adressées à l'auteur. En passant au « tu », il semble qu'il y ait changement dans le statut du locuteur. On glisse d'une question (vers 1) à une affirmation particulièrement forte. L'interlocuteur dit au poète qu'il mourra oublié de tous et « mangé », détruit par le sentiment de supériorité qu'il éprouve dans sa solitude. Pour ces raisons, il nous paraît vraisemblable que « vous » et « tu » soient l'autre voix du narrateur. La tonalité est plutôt triste (le mot est employé deux fois ; l'image de la campagne, celle de la solitude et de l'oubli).

8 Production libre.

Marguerite Yourcenar (p. 100)

❶ Des paragraphes successifs sont séparés par des étoiles.

❷ Ce document est extrait de *Mémoires d'Hadrien* et de la partie intitulée *Carnets de notes des « Mémoires d'Hadrien »*, dédiée à *G.F.*, Grace Frick, l'amie américaine de M. Yourcenar. L'auteure a sans doute écrit des notes, des réflexions concernant l'élaboration du roman dans les carnets. Peut-être fait-elle part des difficultés qu'elle a rencontrées.

❸ L'œuvre appartient au genre du roman historique, présenté sous la forme d'une fausse autobiographie. Le héros est l'empereur romain Hadrien, qui a régné au IIe siècle. Ce qui peut paraître singulier, c'est qu'une femme du XXe siècle entreprenne d'écrire les mémoires d'un homme, *a fortiori* empereur, ayant vécu dans une période fort éloignée de la sienne.

❹ 1924-1926 : c'est la conception, l'écriture, « en tout ou en partie », du livre. 1927 : l'auteure lit une phrase pour elle inoubliable de Flaubert. 1934 : elle se consacre à de longues recherches. De cette année-là, une seule phrase subsiste, a été retenue pour la version définitive. 1934-1937 : le projet est repris puis abandonné plusieurs fois. La genèse du roman est longue, difficile et complexe. En 1924, elle a 21 ans, en 1927, 24 ans, en 1934, 31 ans, en 1937, 34 ans et en 1951, lors de la publication du roman, elle a 48 ans. Son projet l'a donc habitée pendant 27 ans. Réponse libre.

1 Les premiers manuscrits écrits entre 1924 et 1926 ont été détruits. Yourcenar pense qu'ils méritaient la destruction. Sans doute, de son point de vue, n'étaient-ils pas assez bons. L'auteure est d'une grande exigence par rapport à ce qu'elle écrit.

2 C'est Flaubert qui est cité. Réponse libre. La période se situe entre le Ier siècle avant Jésus-Christ et le IIe siècle après. Pendant cette période, l'homme était seul car il était sans dieu : les anciens dieux de la période antique avaient perdu de leur influence et le christianisme ne s'était pas encore imposé. L'Homme était donc seul et libre.

3 Elle ajoute que cet homme seul est « relié à tout ». La solitude face à l'absence de dieux/Dieu renvoie peut-être l'homme à sa condition existentielle, à sa vie ici et maintenant. Sans lien avec les dieux ou avec Dieu, sans doute renforce-t-il ses liens avec les autres hommes et le monde terrestre dans lequel il vit. Pour Yourcenar, cet homme est seul, mais il n'est pas solitaire car il est lié/relié aux autres dont il partage « l'humaine condition », pour reprendre Montaigne, et au monde dont il fait partie. Pour l'écrivaine, c'est l'empereur Hadrien qui symbolisait ce type d'homme.

4 Les phrases du fragment 3 sont brèves, sans verbe conjugué. Ce sont des notes rapidement écrites, comme celles que l'on recueille dans un journal de bord. Le fragment 4 est en revanche beaucoup plus élaboré. La proposition de concession introduite par « quoique », l'emploi du subjonctif imparfait (se fussent fait, forme passive ; je fisse) qui

signale qu'une hypothèse émise dans le passé n'a pas abouti, témoignent de la maîtrise d'un français classique et très soutenu. C'est dans ce style que les romans de Yourcenar sont écrits.

5. L'écrivaine imaginait « l'ouvrage sous forme d'une série de dialogues où toutes les voix du temps » (celles des personnages ayant vécu à cette époque) se seraient fait entendre. Elle a renoncé à ce projet car le détail prenait trop d'importance, déséquilibrait l'ensemble du texte. De plus, la voix d'Hadrien, le personnage central, était étouffée, perdait de son importance. Pour l'auteure, il est très difficile de trouver le bon point de vue. Finalement, elle choisit de faire parler Hadrien, à travers une longue lettre dans laquelle il retrace sa vie.

6. C'est toute la difficulté du travail de l'écrivain dont il est question. Cette difficulté est multipliée par la distance historique entre l'auteure et son personnage, par la distance sociale (Hadrien est empereur) et par la différence des sexes. Youcenar doit vraiment se glisser dans le corps et la pensée de cet homme du IIe siècle, voir le monde tel qu'il l'a vu.

7. Yourcenar compare l'écrivain à un peintre qui s'installe devant un paysage (« un horizon ») et change sans cesse de place jusqu'à ce qu'il ait trouvé l'exact angle de vue, le bon « point de vue ». C'est la phrase gardée de la rédaction de 1934 qui illustre ce qui est dit : « Je commence à apercevoir le profil de ma mort. » L'auteur a choisi d'écrire en « je » : elle adopte alors le genre de la fausse autobiographie. Elle fait dire à l'empereur qu'il commence à apercevoir le profil de sa mort : il est donc âgé, envisage sa disparition dans un avenir relativement proche, imagine peut-être la manière dont il va mourir. Elle a enfin trouvé le point de vue du livre : le personnage dit « je » et, au seuil de la mort, porte un regard rétrospectif sur sa vie.

8. Yourcenar pose la ressemblance plutôt que la différence entre les humains : Hadrien, malgré les distances temporelle et sociale, est proche de l'auteure, proche de nous, parce qu'il était humain et qu'il a connu les joies, les angoisses, la peur de la mort que vivent tous les humains. Le projet d'écriture de l'écrivaine est de montrer cette proximité et de combattre les idées reçues quant à l'irréductible différence des genres : ici, une femme écrit pour un homme.

Paul Eluard (p. 102)

❶ Ce poème est composé de trois strophes, de sept vers chacune. On note seulement un point final au dernier vers, des majuscules.

❷ Le titre est *Le Phénix*. Dans la mythologie égyptienne, c'est un oiseau qui brûle et qui renaît de ses cendres. Pour le poète, il représente sans doute la naissance d'un nouvel amour.

❸ C'est le poète qui parle : « je ». Réponse libre.

1. Le poète parle de « toutes les femmes » qu'il n'a pas connues et de celles qu'il « n'aime pas ». Au vers 1, il s'agit de l'amour porté à une femme qui peut représenter toutes les autres femmes. C'est un amour entier, sublime, qui n'éprouve pas la frustration des amours qu'il ne connaîtra pas. Au vers 7, il y a un rapport d'exclusion : seule la femme aimée compte et exclut les autres femmes. Le poète place la femme aimée au-dessus de tout.

2. On a « pour + groupe nominal » : pour toutes les femmes/ pour tous les temps/ pour l'odeur/ pour la neige/ pour les premières fleurs/ pour les animaux/ pour ta sagesse/ pour la santé/ pour ce cœur immortel ; « pour + verbe » : pour aimer. La préposition *pour* peut exprimer la <u>durée</u> (pour tous les temps…), le <u>sentiment</u> (pour toutes femmes que je n'ai pas connues/ que je n'aime pas, pour ta sagesse, pour ce cœur immortel), le <u>but</u> (pour

aimer), la cause (pour l'odeur, pour la neige, pour les animaux purs, pour les femmes que je n'aime pas, pour ta sagesse, pour ce cœur immortel), la destination, en faveur de (pour les femmes que je n'ai pas connues, pour les animaux purs, pour la santé). Les éléments évoqués sont : la nature (le grand large, la neige, les animaux), l'humain /les sentiments (les femmes, pour aimer, cœur immortel), la qualité (ta sagesse).

3 « Qui me reflète, sinon toi-même ? Je me vois si peu. /Sans toi, je ne vois rien qu'une étendue déserte. » La femme devient miroir du poète. Elle est indispensable à sa (sur)vie. Sans elle, il ne voit rien, tout est désert, absence de vie : « Qui …toi-même/ sans toi je ne vois rien ». Sans la présence et sans l'amour de cette femme, le monde n'existe pas pour le poète.

4 Les deux temporalités sont « autrefois » et « aujourd'hui », le temps passé et le moment présent. Cette opposition est mise en valeur par l'emploi des temps : le passé composé (il y a eu/ j'ai franchies, je n'ai pas pu, m'a fallu) qui renvoie au moment où se sont déroulés les événements ; le présent (me reflète, je me vois, je ne vois) indique le moment où le poète parle. La reprise du verbe voir rend compte à la fois du regard vers l'extérieur (« je ne vois rien qu'une… ») et l'intérieur (« je me vois si peu »), la répétition des pronoms (je, toi) insiste sur l'importance de leur union/ amour. Le vers 11 évoque la guerre, ses morts, ses souffrances. Le poète, soldat engagé, a côtoyé la mort. « …toutes ces morts que j'ai franchies sur la paille » rappelle sans doute les blessés et les morts couchés sur la paille. Lui, il a échappé à la mort (franchi), mais il reste hanté par son ombre.

5 C'est une femme sage, très raisonnable (« tu n'es que raison »), modeste, sans doute belle et lumineuse (« grand soleil »), resplendissante de santé. Les balancements sont : « Je t'aime pour ta sagesse /qui n'est pas la mienne ; Pour ce cœur immortel/ que je ne détiens pas ; Tu crois être le doute/ et tu n'es que raison ». Ils reposent sur une comparaison /opposition entre ce que le poète (je) n'a pas et que la femme (tu) possède ; puis ils se focalisent sur la femme (vers 19). L'adjectif « immortel » qualifie « cœur », qui rappelle le Phénix, symbole de la renaissance (donc qui ne meurt jamais). Pour le poète, la femme symbolise immortalité, éternité.

6 La femme est associée à un « grand soleil », symbole de clarté, de chaleur, de lumière, de vie, d'éternité. Cette association fait écho au titre puisque le Phénix est un oiseau de feu qui renaît de ses cendres. Réponse libre.

7 Ce poème s'apparente au surréalisme. L'absence de ponctuation est une constante de la poésie surréaliste : elle permet de brouiller les pistes, d'empêcher de trouver un sens immédiat et ouvre le champ des interprétations ; les images créées frappent par leur association inattendue : quel lien entre l'amour et le grand large, le pain chaud ? (« je t'aime… Pour l'odeur du grand large, du pain chaud ») ; de plus, la répétition de « je t'aime + préposition » peut être interprétée comme un jeu consistant à trouver des « phrases » basées sur ce modèle : c'est un exercice ludique. L'imprévisible domine, on ne sait pas toujours où nous mène le poète. L'interprétation des images, des associations imprévisibles est laissée à l'imagination et à la sensibilité du lecteur.

8 Production libre.

Mohammed Dib (p. 104)

❶ Ce passage est extrait de *La Grande maison*. Réponse libre.
❷ Nous sommes dans les années 1930. L'Algérie est une colonie française.
❸ La langue maternelle du maître et de ses élèves est l'arabe ou le berbère. Réponse libre.
❹ Réponse libre.

1. « La France est notre mère Patrie ». L'adjectif possessif est « notre » et le nom est « mère ». Les enfants algériens apprennent la même chose que les enfants français. Le fait colonial est effacé : la France est présentée comme la Patrie de tous.

2. Dans un premier temps, Omar fait le point sur ses connaissances : il connaît la capitale de la France, il a aperçu des Français en ville. Il sait aussi que pour y aller ou en revenir, il faut traverser la mer, prendre un bateau, mais il n'a vu ni l'une ni l'autre. Pour lui, la France est représentée par une carte sur laquelle chaque région a une couleur différente (« un dessin en plusieurs couleurs »). Alors il se demande comment un pays si lointain peut être sa mère. Il y a un jeu sur le mot « mère » : pour l'enfant, il n'en n'a qu'une : Aïni ; donc la France ne peut pas être sa mère. Son raisonnement est très logique.

3. Brahim récite ce qu'on lui a enseigné ; Omar réfléchit et se trouve en désaccord avec la réponse de son copain. Ce qui est drôle, c'est le jeu de sens avec le mot « mère », la rigueur logique du raisonnement qui s'appuie sur une réalité irréfutable (il n'a qu'une mère), la conclusion énoncée. Omar devient critique par rapport à ce qu'on lui enseigne.

4. Il vient « de surprendre un mensonge » : les études, ce sont des mensonges qu'on apprend pour éviter de se faire battre. Les rédactions sont un exemple de travail scolaire qui illustre sa découverte.

5. Le maître doit faire des lectures pour aider ses élèves, leur donner des idées et les phrases adéquates car ce qu'on leur demande de décrire est très éloigné de ce que vivent les enfants, de ce qu'ils connaissent.

6. C'est le monde d'une petite bourgeoisie vivant confortablement (la cheminée, la clarté de la lampe, le fauteuil…) et conventionnellement (papa, maman, les enfants). C'est un univers totalement stéréotypé : papa lit le journal, maman fait de la broderie, une occupation de femme, les enfants sont studieux, décrit par les phrases stéréotypées des manuels scolaires. Omar est obligé de mentir : pour faire les rédactions, il doit utiliser ces phrases et décrire cet univers comme s'il était le sien. Les points d'exclamation sont la ponctuation attendue pour ce genre de phrases. L'auteur joue avec cette convention.

7. Production libre.

Louis Aragon (p. 106)

❶ La disposition montre que c'est un poème, composé de 6 strophes. Ce sont des quatrains de décasyllabes (4 vers de dix syllabes chacun). On remarque les majuscules en début de vers, l'absence de toute ponctuation et les rimes croisées (abab : inquié<u>tude</u>/ soli<u>tude</u>/ rê<u>vé</u>/ sau<u>vé</u>).

❷ Il s'agit des mains d'une femme, Elsa, la compagne du poète.

❸ Dans le titre, on peut lire de nouveau le nom d'Elsa. Aragon consacre son recueil à célébrer la femme aimée. L'expression « le fou de » signifie que le poète aime à la folie, jusqu'à en perdre la raison : « fou d'amour ». En français, on a « le fou du roi », personnage bouffon attaché au roi, au prince ; « être fou de », aimer excessivement quelque chose ou quelqu'un ; « la folle du logis », c'est l'imagination. Réponse libre.

❹ « Donne-moi » est repris cinq fois. Il s'agit de l'impératif présent du verbe « donner », dans une phrase affirmative. Ce mode exprime ici une prière, une demande. « Sauras-tu », repris quatre fois, est le verbe « savoir » au futur, dans une phrase interrogative. Ce temps évoque l'avenir à partir du présent, du moment où l'on parle. Une demande est aussi exprimée.

1. C'est le poète qui parle à la femme aimée, Elsa. Les indices de première personne sont : « moi, j', ma, je », ceux de la deuxième sont : « tu » et dans « donne-moi » puisque le poète s'adresse à Elsa par l'impératif.

2 Les mots à la rime « inqui<u>étude</u>/ soli<u>tude</u> » indiquent que le poète est dans un état de souffrance ; il est seul et inquiet. À la femme, il lui demande ses mains parce qu'il en a rêvé dans sa solitude, pour qu'il soit sauvé. Le fait de prendre les mains de l'aimée le rassure, le protège.

3 Le poète « prend » les mains. Il identifie ce geste à un « pauvre piège ». La peur, l'émotion, la rapidité lui donnent l'impression de tenir entre ses mains « une eau de neige », métaphore qui rappelle l'écoulement, la fuite, ce qui ne dure pas : « qui fuit de partout », comme s'il ne maîtrisait rien.

4 Le poète demande à Elsa si elle sait tout ce qu'il ressent (« me traverse, me bouleverse, m'envahit, me transperce ») quand il éprouve une forte émotion (« quand j'ai tressailli »). Les verbes choisis évoquent tout ce que le corps éprouve, les sensations fortes, ce qui est transformé, changé en lui. Le poète semble ne plus se contrôler.

5 Il demande à Elsa si elle saura un jour ce « que les doigts pensent » quand ils tiennent un instant ce qu'ils ont pris : « une proie » ; et ce que « le silence » des doigts peut connaître d'inconnu en un bref moment : « Un éclair aura connu d'inconnu ». « Leur » remplace « les doigts » ; « silence » rime avec « pensent » : on notera que ces deux mots personnifient les doigts car *penser* et *silence* renvoient à l'humain. Ici, Aragon veut parler du langage du corps, langage silencieux.

6 « Le profond langage » renvoie à tout ce qui est intérieur, ce qui est pas donné à voir, qui va au plus profond des choses, sans parler. Le poète le définit comme « ce parler muet, sans bouche, miroir sans image, ce frémir d'aimer » : on note des paradoxes qui mettent l'accent sur la singularité de ce langage : un parler « muet » (silencieux), un miroir « sans image » (sans reflet).

7 L'idée peut être la suivante : le profond langage est un miroir sans image qui n'a pas de mots. Le profond langage est la métaphore de l'amour et l'expression « Ce frémir d'aimer » rend compte de ce sentiment : c'est la peur et la joie d'aimer. Réponse libre.

8 Production libre.

Simone de Beauvoir (p. 108)

❶ Ce passage est extrait de *La force des choses*. L'œuvre recherchée est *La Force de l'âge*. Après la période où l'adulte est en pleine possession de ses moyens, où il exerce pleinement sa liberté, vient le moment où les « choses » s'imposent à lui : la conscience du temps qui passe, la limitation des possibles…

❷ Elle a 55 ans.

❸ Les pronoms personnels les plus utilisés sont « m' » et « je ». C'est vraisemblablement S. de Beauvoir qui parle. Le texte est autobiographique.

❹ Réponse libre.

1 Il est question de Jean-Paul Sartre, philosophe et compagnon de S. de Beauvoir. Elle pense à leur mort à tous les deux. Pour elle, l'évènement est affreux parce que la personne morte n'est plus là pour apaiser l'autre de la peine qu'elle éprouve, parce que la mort représente l'abandon et le silence. L'auteur s'appuie sur la répétition et un parallélisme de construction.

2 Elle préfère que la mort arrive le plus rapidement possible afin de ne plus vivre l'attente angoissante de cet évènement.

3 Les expressions sont : « mort ; mourrai ; en finir ; m'anéantir ; qui ne sera plus ; plus rien ; ne ressuscitera ; Rien n'aura lieu. »

4 Elle a visité la Chine (Pékin), l'Espagne (Huelva), le Brésil (Bahia), Les États-Unis, Chicago (Wabansia avenue), le sud de la France (la Provence), la Grèce (le Piré, Tirynthe), la Russie, à l'époque de l'écriture, l'Union soviétique (Léningrad/Saint-Pétersbourg), Cuba (Castro, les Cubains), l'Italie (Rome). Il est impossible de penser que la vie de S. de Beauvoir se soit réduite au voyage. Se reporter à la biographie pour argumenter la réponse.

5 « Nulle part cela ne ressuscitera. » Elle a une vision très lucide de l'existence : aucune expérience vécue ne se renouvellera. Elle tombe dans le néant.

6 « Ce n'est pas un miel, personne ne s'en nourrira. » : tout ce que l'auteure a lu, visité, appris et aimé lui reste irréductiblement, absolument personnel et disparaîtra à sa mort. Personne ne pourra l'utiliser, elle ne peut le transmettre à personne. C'est ce que traduit l'image du miel. Le pronom indéfini « personne » marque l'exclusion absolue : pour S. de Beauvoir, il n'y a pas d'autre alternative, certitude soulignée par l'emploi du futur. « Si du moins (…), si elle avait… » : ces propositions conditionnelles émettent l'idée d'une possibilité immédiatement remise en cause par les questions et les idées farfelues qu'elles posent : « une colline ? une fusée ? ». Puis le verdict tombe avec la phrase sans verbe ni sujet : « Mais non. » renforcé par la phrase suivante. Le futur antérieur souligne la certitude que tout tombera dans le néant et « rien » l'exclusion absolue de toute autre alternative.

7 Elle regardait sa vie à venir comme une source, une potentialité infinie de richesses et d'émerveillements : « cette mine d'or à mes pieds », et toutes ces beautés, ces découvertes, ces espoirs de bonheurs « affolaient » son cœur, le faisaient battre à toute vitesse, l'enivraient. Elle était dans une attente fiévreuse de toutes les richesses que pouvait lui offrir, lui « promettre » le monde. Habituellement, le verbe « affoler » a une construction pronominale. Le choix de rompre avec cette convention grammaticale et de choisir une construction transitive renforce le sens du verbe et focalise sur « cœur », sur ce qui est ressenti par l'auteure.

8 « Elles ont été tenues » renvoie à la phrase précédente et aux promesses de l'adolescence qui ont été réalisées. Cependant, S. de Beauvoir termine ce tome de ses mémoires par « j'ai été flouée », donc trompée. Comment peut-elle se sentir dupée alors que les promesses, les rêves de l'adolescence ont été réalisés ? Son rôle dans le champ du social, notamment dans les luttes des femmes a été immense ; sa position d'écrivaine est mondialement reconnue ; son engagement politique a été très important ; sa vie peut paraître tout à fait enviable. Sans doute pense-t-elle au décalage, aux écarts entre ces rêves et la réalité d'une vie. Peut-être fait-elle aussi allusion à la réalité du monde : elle a lutté pour des sociétés plus justes, des systèmes politiques qui promettaient le bonheur aux peuples et qui n'étaient généralement que des dictatures, elle a combattu pour les droits des femmes. En 1963 comme aujourd'hui, ces aspirations à plus de justice et de reconnaissance sont loin d'être atteintes.

Eugène Ionesco (p. 110)

❶ La disposition du texte montre qu'il s'agit d'une œuvre de théâtre (disposition des noms, dont certains sont repris). Les personnages sont le Roi, le Médecin, Marguerite et Marie. On peut imaginer que le roi a pour épouse une des deux femmes, que le médecin est à son service…

❷ Le titre, *Le Roi se meurt*, se focalise sur le personnage du roi. Il est en train de mourir.

❸ Dans le chapeau, on apprend que le roi, qui ne veut pas mourir, a eu deux femmes : d'abord Marguerite, puis Marie. Juliette, la servante, apparaît plus tard (dans la didascalie).

❹ Réponse libre. Des points d'interrogation, d'exclamation, des parenthèses (indications scéniques, en italique, données par Ionesco), des points de suspension marquent la réplique du roi.

1 Il emploie le verbe ordonner : « J'ordonne » (9 fois), qui renvoie au pouvoir, à la toute-puissance de celui qui gouverne. Les cinq premiers ordres portent sur des éléments impossibles à commander : la nature, le temps, « les arbres/ les feuilles/ la pluie/ la foudre », et sur une réalité plus concrète : le toit d'une maison, d'un palais. Là encore, on ne fait pas disparaître aussi facilement une chose pareille. Le roi se croit Dieu : il suffit de dire pour que les ordres s'accomplissent. Cette situation peut faire rire comme elle peut inquiéter.

2 De manière implicite, le roi se compare à Dieu ; il est tout puissant. Ces ordres révèlent sa folie. Cependant, les deux interrogations « Quoi ? Rien ? », qui sont un constat, montrent qu'il se rend compte qu'à chaque ordre donné, rien ne s'exécute (se réalise). Le langage ne sert à rien.

3 Pour les ordres déjà donnés, rien ne s'est réalisé. À présent, le roi s'adresse à la servante, personnage qui est soumis, logiquement, à tout ordre. Or, même ici, Juliette fait le contraire de ce qu'il lui ordonne de faire : quand il veut qu'elle entre par la grande porte, la didascalie indique que c'est par la petite qu'elle le fait ; de même, elle sort par une autre porte que celle indiquée ; elle sort alors qu'il veut qu'elle reste. Ici, le langage est en crise, il ne sert plus de moyen de communication.

4 Ce qui ne fonctionne pas entre ce que dit le roi (tous ses ordres) et la servante, c'est le rapport de domination : l'un donne un ordre et l'autre, qui doit obéir, ne le fait pas du tout. Les trois derniers ordres portent sur le bruit des clairons, des cloches, des canons. Ces ordres doivent être dits de manière interrompue, d'où l'absence de la didascalie (*Pause*) qui n'apparaît plus. Oui, ces ordres sont plus réalistes, mais ils ne se réalisent pas non plus. Là encore, le langage ne sert plus à rien.

5 Le médecin réagit en disant au roi, qu'il appelle « Majesté / sire », qu'il entend seulement le bruit (« le bourdonnement ») que font ses oreilles : son diagnostic est réaliste. le roi est vieux, malade, angoissé par la mort, pathétique.

6 La première réplique de Marguerite, première femme du roi, est sèche, dure ; elle aussi lui rappelle son caractère ridicule, sa vieillesse. Cependant, Marie se montre plus aimable, attentionnée, gentille. Elle l'appelle « mon petit roi », lui conseille de se reposer et propose de reformuler les ordres plus tard, « de recommencer tout à l'heure », c'est-à-dire de rejouer plus tard. L'adjectif « ridicule » résume bien ce qu'est le roi. Il se comporte comme un enfant. Réponse libre.

7 Les deux dernières phrases de Marie « Nous allons recommencer tout à l'heure. Nous réussirons dans une heure. » indiquent que tous deux vont recommencer à « jouer » ; Ionesco joue sur le temps que les personnages ont pour tout le spectacle. Mais la réplique de Marguerite et du médecin rappelle qu'ils n'auront pas assez de temps, puisque « dans une heure vingt-cinq minutes », le spectacle, la pièce sera finie. Cette situation peut être perçue comme étant grotesque, tragique car ce vieux roi, qui est en train de mourir, lutte contre la mort, contre le temps qui passe, mais son angoisse peut aussi prêter à rire.

8 Ionesco met en scène la confrontation d'un homme face à son angoisse sur la vie. C'est un roi qui est à la fois révolté, désespéré et résigné ; la prise de parole reste son unique pouvoir pour faire durer encore son existence, parole pathétique ou comique. Ionesco dénonce la peur devant le vieillissement, la mort et aussi le ridicule du pouvoir. Le théâtre de l'absurde se caractérise par la crise du langage (comme ici), la crise des valeurs. Le goût pour la caricature, l'excès et l'humour montrent l'absurdité de l'existence, s'opposant ainsi au théâtre existentialiste incarné par Sartre.

Léopold Sédar Senghor (p. 112)

❶ L'auteur est Léopold Sédar Senghor. Réponse libre.
❷ Le poème est composé de six strophes. La première et dernière strophe ont trois vers ; elles encadrent quatre strophes de cinq vers.
❸ C'est un « je » qui parle. Réponse libre.
❹ Le titre est « départ ». Le premier vers de chaque strophe exprime la même idée : « Je suis parti ». Leur répétition a un effet d'insistance : c'est une litanie qui scande le poème et marque l'importance de ce qui est dit. Le dernier vers trouvé précise la durée : « pour toujours. ». Le départ est définitif. Toute possibilité de retour est exclue. On peut penser à une rupture totale avec un mode de vie. On peut penser à la mort, aussi.

1   Nous sommes dans la nature (« les chemins »), le matin (« rosée »). Le soleil devient un être animé puisqu'il pousse des cris (« piaillait »). Dans la métaphore *piaillait le soleil,* une correspondance s'établit avec les oiseaux qui peuplent la nature. Sa clarté, sa chaleur sont aussi sons, chants d'oiseaux, bruits, musique.

2   Le poète quitte une vie stagnante, misérable, sans grand intérêt (« des jours croupissants »), des obligations peut-être sociales et familiales, qui sont pour lui une torture qui l'empêche d'être libre (« des carcans »). Ce qui l'entoure lui semble laid et méprisable et il rejette violemment ce manque de beauté et de grandeur morale. Les sons qui se répètent sont [k] et [r], dont la sonorité est dure. Les sons [an], plus doux et plus fluides, se trouvent dans des mots dont le sens et les connotations sont particulièrement violents. Il y a peut-être ici recherche de la dissonance entre le son et le mot qui le porte, renvoyant au monde dépourvu d'harmonie que veut quitter le poète. Les mots « croupissants, carcans, laideurs » décrivent la vie que rejette le poète : ils renvoient à ce qui ne bouge pas et croupit, au manque de liberté, à la laideur et ce qui est méprisable.

3   Dans la strophe 3, l'idée de dénuement est exprimée par les adjectifs « léger (qui n'a plus rien) et nu » et par le quatrième vers : *Sans bâton ni besace,* explicitée dans le vers 4 de la strophe suivante, renforcée dans le dernier vers. Le poète demande de vendre tous ses troupeaux, *Mais pas les bergers avec.* Il rappelle des valeurs humanistes avec humour.

4   Réponse libre. Cette expression fait écho à la strophe 5 où le poète dit quels sont ces *étranges voyages.*

5   Ces pays sont « bleus », « larges », remplis de passions, « gras et juteux ». « bleus » évoque l'azur du ciel, de l'horizon, de la mer ; « larges » évoque les espaces non limités, l'infini de la nature. Au vers 4, le poète insiste sur les perturbations, les séismes provoqués par les passions, associées aux « tornades ». Enfin, le dernier vers associe ces pays à la générosité et à la sensualité : « gras et juteux ». Le premier vers reprend la litanie des autres premiers vers de chaque strophe. La strophe est construite sur des répétitions et des parallélismes. La longueur du vers 4 est en rupture avec celle de tous les autres vers, renvoyant aux effets de rupture et de perturbation produits par ces pays. Ces pays représentent l'antagonisme absolu de la vie que quitte le poète.

6   Le poète précise ce qu'il veut : il ne reviendra plus à sa vie antérieure (« Sans pensées de retour »). Il donne un ordre : *Vendez tous mes bijoux,* ultime symbole de sa richesse dont il se démet, définitivement.

7   Cette image n'est pas originale. Au XVIe siècle, François Villon ne chante pas l'image du poète riche, les Romantiques non plus, encore moins Rimbaud. L'idée du dénuement, de la solitude (Hugo, Lamartine, Verlaine, Baudelaire) est un motif récurrent de la poésie française à travers les siècles. Réponse libre.

Albert Cohen (p. 114)

❶ L'histoire se passe dans un milieu social favorisé : le Ritz est un hôtel de luxe et le héros est un haut fonctionnaire de la SDN. Lors d'une réception au Ritz, Solal a rencontré Ariane, mais ne lui a pas parlé.

❷ Solal peut faire penser à soleil. C'est un prénom d'origine juive qui signifie : « celui qui déblaie son chemin. » Ariane renvoie au mythe du labyrinthe et du Minautaure. Il peut symboliser ce qui est obscur, mais aussi l'intelligence puisqu'Ariane a trouvé la solution pour que Thésée sorte du labyrinthe. Cependant, elle a été abandonnée. Solal peut symboliser la lumière solaire, la chaleur, la force, un jeune dieu glorieux.

❸ Solal s'adresse à Ariane, le premier jour du mois de mai. C'est le printemps, porteur d'espoir et de force nouvelle.

❹ Réponse libre.

1 Les mots et expressions qui désignent l'interlocuteur sont : « écoutez, vous, mon amour, ma sœur folle, mon aimée, dites-moi, croyez-moi ». Lorsque Solal raconte, il utilise le pronom « elle », qui désigne Ariane. Le narrateur mêle le discours et le récit : il brouille ainsi les codes habituels de la narration.

2 « Écoutez » est à l'impératif présent. Un ordre, une injonction, une demande sont émis. « Merveille » renvoie à quelque chose d'extraordinaire, de magnifique, de miraculeux. Après avoir lu une telle phrase, le lecteur attend l'annonce d'un événement hors du commun.

3 Les comparaisons sont : « volontaire bannie comme moi ; elle a la manie des glaces comme moi ». La première ressemblance repose sur l'idée de l'exclusion, de l'exil volontaire ; la seconde sur l'habitude obsessionnelle des miroirs. Les deux personnages ont ce désir, cette volonté de s'éloigner des autres, de la société ; leur manie partagée des miroirs traduit un caractère sans doute très narcissique, mais que Solal explique par le sentiment de tristesse et de solitude qui les habite.

4 Les mots et expressions qui se rapportent à la femme sont : « Lasse d'être mêlée ; elle a fui ; elle est allée, volontaire bannie ». C'est une femme fatiguée, plus psychologiquement que physiquement sans doute, d'être au milieu de la foule, qui s'en éloigne pour se retrouver seule, un peu à la manière d'une héroïne romantique qui fuit le contact de la masse vulgaire.

5 Les expressions qui se rapportent aux personnes qui assistent à la réception sont : « ignobles », adjectif employé comme nom dans le texte ; « la salle jacassante des chercheurs de relations ». Les « ignobles » souligne le caractère bas, méprisable des personnes qui ne sont là que pour se faire des relations qui puissent ultérieurement les aider dans leur vie sociale. Ils parlent haut et fort, pour ne rien dire. Solal méprise ces gens. D'une certaine manière, Ariane et lui appartiennent à ce monde puisqu'ils sont invités à cette réception, mais ils adoptent une posture distante.

6 Le mot « glace » est répété six fois. Les répétitions soulignent l'importance obsessionnelle que lui accordent les personnages, et insistent sur leur caractère narcissique. L'objet a aussi un rôle central dans le récit puisque c'est à travers lui qu'ils s'embrassent symboliquement pour la première fois.

7 Les mots d'amour de Solal sont : « mon amour ; ma sœur folle ; mon aimée ; Ô l'élancée ». « Ma sœur folle » joue sur le registre de la sororité/fraternité, du lien légèrement incestueux qui peut parfois se nouer entre frères et sœurs ; il joue aussi sur la fascination de la ressemblance, ferment actif de l'amour fusionnel, où chaque partenaire cherche dans l'autre son reflet. D'ailleurs, cette ressemblance est soulignée par Solal dans la phrase suivante : « Dites-moi fou… ». « L'élancée » est un adjectif employé comme substantif : une particularité physique devient une caractéristique morale et le trait distinctif et singulier de la personne. Ariane n'est pas seulement mince et svelte, élégante, c'est « l'élancée », comme on dirait « la belle ». Elle s'élève aussi au-dessus des autres.

8 La phrase commence par l'adverbe « Voilà » qui clôt le discours précédent et annonce souvent une partie conclusive. Suit une proposition subordonnée de temps coordonnée à l'adverbe, comme si les propos suivants étaient irréductiblement liés à ce qui précède. Cette proposition, au passé composé, rappelle le moment où Ariane a quitté le petit salon (et implicitement, celui où Solal aurait pu l'aborder). Puis trois propositions indépendantes au passé composé, juxtaposées, dont les verbes sont à la forme négative, terminent la phrase. Solal dit tout ce qu'il n'a pas fait (et implicitement, ce que chaque homme aurait fait) : il ne s'est pas approché, il ne lui a pas parlé, il ne l'a pas traitée comme les autres. En ne faisant pas ce que les autres hommes auraient fait, il se distingue, rompt avec le comportement des autres hommes. En n'abordant pas Ariane, il la distingue, la place au-dessus des autres femmes, l'élit. C'est sans doute d'un amour élitiste, exigeant, basé sur des narcissismes réciproques, des solitudes hautaines, qui deviendra peut-être fusionnel, dont il est question. Réponse libre.

Raymond Queneau (p. 116)

❶ L'agneau est associé à la douceur, la docilité. Dans certaines religions, on le sacrifie. Le loup est un animal sauvage, un prédateur : il tue pour se nourrir. Au Moyen Âge, on disait que les sorciers se transformaient en loups. Dans le conte de Perrault, *Le petit Chaperon rouge,* il mange la fillette. Réponse libre.

❷ L'ordre d'apparition des animaux est inversé. Queneau joue avec le titre d'une fable qui est une référence et qui fait partie des textes les plus connus des Français. Sans doute désire-t-il bousculer ce que nous connaissons de la fable et que nous ne remettons plus en question, bousculer les stéréotypes que nous avons construits par rapport aux animaux.

❸ Les rimes sont irrégulières, parfois il n'y en a pas. « ru pur » est systématiquement répété en fin de chaque strophe, marquant l'insistance et scandant le poème.

❹ L'expression de La Fontaine est poétique et joue sur la musicalité douce de « onde », celle de Queneau appartient à un niveau de langue standard. Les sonorités en [r] et [u] sont dures. Les deux expressions s'opposent sur le genre, l'une est féminine, l'autre masculine ; la qualification de l'eau reste la même.

1 L'eau est « claire », le ruisseau (le ru) pur, H_2O. Le registre de langue n'est pas particulièrement soutenu. La formule chimique de l'eau apparaît dans le poème, ce qui est déconcertant. Queneau brise les codes de la poésie classique.

2 Le loup « broute » et « boit ». Le fait qu'il « broute » n'est pas réaliste : ce sont les vaches, les moutons, les ruminants qui font cette action. Ici, le loup a une caractéristique inattendue : il mange de l'herbe, c'est un ruminant, caractéristique commune avec l'agneau.

3 Les deux animaux sont « de la belle espèce », c'est-à-dire qu'ils sont beaux, robustes et représentent sans doute ce qu'il y de mieux chez les loups et les agneaux. Nous avons donc affaire aux meilleurs représentants de chaque espèce.

4 L'agneau lui demande pourquoi il trouble (salit) son « ru pur ». Dans les deux versions, le même verbe, « troubler » est employé. Le vers de La Fontaine est beaucoup plus complexe ; le loup s'adresse à l'agneau d'une manière assez agressive et se place dans un rapport de force : « Qui te rend si hardi », c'est-à-dire si effronté, si insolent (sous-entendu, tu es loin d'avoir les capacités physiques pour m'affronter).

5 *Le loup voudrait bien s'en aller / la queue entre les jambes*. Il se sent pitoyable, honteux. L'agneau « se met à cogner » : du sang coule sur l'herbe, celui du loup. La situa-

tion est totalement inversée au regard de ce que nous connaissons de ces animaux : c'est l'agneau qui est méchant et le loup qui a peur. Les animaux et ce qu'ils font apparaissent alternativement, chaque action de l'un entraînant une réaction de l'autre. Le parallélisme de la construction du vers *le loup s'enfuit l'agneau triomphe* est particulièrement drôle ainsi que la chute, tout à fait inattendue *pisse alors dans l'H2O*, où Queneau mêle registre vulgaire et scientifique.

6 C'est « j' », le poète, qui apparaît dans la dernière strophe. Il est *au fond d'une forêt profonde* et trempe ses pieds dans l'eau. L'image qui est donnée du poète est loin de celle des romantiques et des surréalistes. Ici, pas de poète tourmenté, recherchant l'inspiration ou faisant des expériences d'écriture automatique : chez Queneau, il prend du bon temps, profite de la nature, se rafraîchit les pieds.

7 Queneau ne garde que le cadre, la forêt. C'est l'agneau qui est vainqueur et le loup, totalement humilié, est en fuite. Il n'y a pas mort de l'un des animaux.

8 Dans le poème de Queneau, il n'y a pas de « morale » ; on ne peut donc pas dire que le texte soit une fable. Il revendique la liberté du langage, renverse les valeurs habituellement admises, bouscule les habitudes du lecteur.

Annie Ernaux (p. 118)

❶ La narratrice a été scolarisée dans une école religieuse et payante, fréquentée par les filles de la bourgeoisie de la ville. Ses parents pensaient qu'elle aurait une meilleure éducation.

❷ Le récit se passe dans les années 1950. Les parents d'A. Ernaux tiennent un café-épicerie. Ils appartiennent à un milieu populaire alors que les élèves de l'école font partie de la bourgeoisie.

❸ C'est un « je » qui s'exprime. Le texte proposé est autobiographique. La narratrice est en retard parce que sa mère a oublié de la réveiller, que le (petit) déjeuner n'était pas prêt, qu'une chaussette était trouée et qu'il fallait la raccommoder. C'est la mère qui prononce la phrase entre guillemets. La négation « ne » a disparu, particularité du langage oral.

1 La narratrice fait un plongeon devant le bureau de la maîtresse : pour elle, elle salue ; c'est un signe de respect. La maîtresse lui demande de sortir, l'élève s'exécute, et ainsi plusieurs fois. En fait, la maîtresse attendait que l'élève s'excuse verbalement. Ni l'une ni l'autre ne partagent les mêmes codes sociaux.

2 La maîtresse attendait que l'élève s'excuse verbalement. Elle s'adresse à l'enfant de manière péremptoire et méprisante. Elle lui fait remarquer qu'« ici » (l'école payante et tenue par des religieuses), ce n'est pas « un moulin », c'est-à-dire que l'on n'y entre pas n'importe comment ni à n'importe quelle heure. Sans doute fait-elle allusion au café-épicerie que tiennent les parents de la narratrice, où les clients entrent lorsqu'ils en ont envie. Elle a une haute opinion de sa personne et de sa fonction (emploi du superlatif « la plus importante »). « On » désigne l'élève et tout ce qui ne fait pas partie des valeurs, de la manière de se comporter, du monde social de l'institutrice. C'est une forme de distanciation et une marque de mépris. Implicitement, elle souligne des différences de classes, et fait entendre à la narratrice qu'elle n'est pas à sa place dans cette école.

3 La locution figée est « tout ce cirque pour ça », c'est-à-dire faire ressortir l'élève de nombreuses fois pour finalement lui faire comprendre qu'elle devait s'excuser verbalement. Le constat qu'elle fait est : « et, en plus, j'en savais rien ! ». Sans doute que ses parents ne lui ont jamais dit qu'il fallait produire des excuses explicites lorsqu'elle arrivait en retard (ce qui est confirmé plus loin dans le texte : « Personne, jamais, ne me l'avait dit, chez moi »). Sans doute lui ont-il dit qu'il fallait s'excuser et pour elle, ce plongeon, sorte de révérence maladroite et exagérée, représentait l'excuse. La maîtresse réplique : « Vous deviez le savoir ! ». Pour elle, il n'est pas concevable que l'élève ne sache pas qu'elle devait s'excuser verbalement. Il y a ignorance et incompréhension entre les classes sociales représentées par l'élève et la maîtresse. À cela s'ajoute la condescendance et le mépris qu'affiche l'institutrice, se reconnaissant dans les valeurs de la bourgeoisie.

4 « Ma petite (…) bonjour ! ». La maîtresse accuse l'élève d'orgueil, elle pense qu'elle se croit supérieure à elle, à sa fonction, qu'elle est insolente. Les majuscules de « VOULIEZ » marquent l'insistance, le ton appuyé de la maîtresse qui martèle ses certitudes et assure son autorité. Sans doute que l'élève se sent humiliée.

5 Dans le café, les gens entrent lorsqu'ils en ont envie et personne n'est jamais en retard, comportement diamétralement opposé à celui qu'impose l'institution scolaire. La phrase qui reprend la réplique de la maîtresse est : « C'est sûrement un moulin, chez moi. ». La distance ironique est exprimée par cette reprise des paroles de l'institutrice, modalisée par l'adverbe « sûrement », marque de fausse acceptation du jugement par la narratrice.

6 La violence institutionnelle et psychologique de la maîtresse a brisé le « jeu léger » de l'école, l'espace qui ne posait ni question ni problème à la narratrice puisqu'elle était bonne élève, qu'elle répondait de manière adéquate à ce qu'on lui demandait. La « magie » s'est arrêtée et l'environnement, oublié, non vu (les pupitres, le poêle qui sent la suie), reprennent leur réalité de « choses », mais avec plus de force car ils symbolisent soudainement une réalité qui signifie à la narratrice son illégitimité dans ce milieu, son invalidation sociale.

7 Après, « je lui disais (…) saluais. » La narratrice a incorporé les injonctions de la maîtresse et fait tout ce que cette dernière attend d'elle. L'imparfait marque l'habitude, la répétition. L'école a inculqué le code social qui est le sien et celui de la classe dominante, à laquelle elle s'identifie et qu'elle reproduit. Le temps principal est le présent qui donne l'impression de simultanéité entre la narration et l'acte de lecture. La plupart du temps, les paroles rapportées ne sont pas introduites par les verbes et éléments grammaticaux attendus : elles sont incrustées dans la narration, font totalement partie de sa progression. La présence du discours oral « tu peux pas partir comme ça ! » ; « j'en savais rien ! » rappelle l'origine sociale de la narratrice. Le style d'A. Ernaux joue sur la parfaite maîtrise des codes discursifs légitimés qu'elle mine de l'intérieur par l'intrusion sans annonce du discours oral des dominés.

Aminata Sow Fall (p. 120)

❶ Le titre de cette œuvre, *La Grève des Bàttu*, peut faire penser à une grève concernant une famille, un peuple, un groupe « les Bàttu ». Lu à voix haute, « Bàttu » se prononce comme [battu], le participe passé du verbe « battre ». On peut penser à une grève de personnes battues, violentées.

❷ Dans la langue wolof, l'une des langues parlée au Sénégal, le *bàttu* est un récipient (obtenu après avoir mangé le fruit d'un arbre) dont les pauvres se servent pour demander l'aumône, de l'aide aux personnes riches. Par métonymie, le bàttu signifie la personne pauvre, le mendiant. Il s'agit donc d'une situation étrange : des mendiants, des gens qui ne travaillent pas, feraient la grève.

❸ Les deux personnages sont un fonctionnaire, Kéba Dabo, et sa secrétaire, Sagar. Ils s'entretiennent à propos des mendiants, des Bàttu, que Kéba voudrait faire évacuer de la ville. Pour lui, ces personnes sont gênantes et empêchent les habitants et les touristes de circuler tranquillement.

❹ Le texte se présente sous forme de passages dialogués (présence des tirets) et de parties narratives. Kéba et Sagar donnent chacun leur avis sur la misère, la vie dure des mendiants.

1. Sagar réagit de manière simple, elle dit à Kéba qu'il perd son temps parce que les pauvres *sont là depuis nos arrière-arrière-grands-parents*. On ne se débarrasse pas aussi facilement d'un problème qui date depuis si longtemps, et surtout qui fait partie de la société. Réponse libre. On *chasse* les mendiants sans doute parce qu'ils mettent mal à l'aise, qu'ils rappellent combien deux mondes s'opposent ; ils peuvent aussi susciter la peur.

2. La phrase affirmative est « Tu ne peux pas comprendre cela, Sagar » et l'interrogative « Ne ressens-tu rien lorsqu'ils t'abordent… », mais il ne finit pas sa question. Les points de suspension montrent l'hésitation de Kéba. Il semble chercher ses phrases, ses mots. L'autre question semblable est : « N'éprouves-tu rien lorsqu'ils te sautent dessus ? ». Elle révèle la gêne, le malaise de l'homme. Il se sent agressé. D'ailleurs, il passe de « ressens-tu /t'abordent » à « éprouves-tu /te sautent dessus » : on note une gradation entre « aborder » et « sauter dessus », cette dernière locution verbale exprimant plus d'agressivité,

3. Après les points de suspension, on note un changement dans l'attitude de Kéba ; la négation forte « non » marque une rectification, un revirement par rapport à ce qu'il vient de dire. Dans les phrases suivantes, des répétitions (« ils ne t'abordent pas »/ « ils te, ils t' »/ « te sautent dessus »), la gradation (Kéba passe de « abordent » à « envahissent/ attaquent/ sautent dessus »), les exclamations (« …dessus ! /… »), l'interrogation (« … dessus ? ») montrent l'évolution de la colère de Kéba. Il semble hors de lui. Les pronoms personnels « te/t' » représentent à la fois lui, Sagar et les autres (les touristes, la population…).

4. Apparemment, Sagar n'adhère pas à l'opinion de Kéba : elle « sourit », « lisse » ses cheveux, « arrange son décolleté ». Sa façon de voir les choses est logique : si elle a quelque chose, elle donne, sinon, elle « continue » sa route. Pour défendre son point de vue, elle recourt à l'argument de la religion, argument semble-t-il imparable : « la religion <u>recommande</u> bien que l'on assiste les pauvres » ; l'utilisation de « on » rappelle à Kéba qu'il est aussi concerné.

5. Kéba reprend l'argument de la « religion » pour y ajouter une modification. Le premier « leur » renvoie aux mendiants. Pour lui, les mendiants ne doivent pas « priver leur prochain de tout repos. » ; donc, pour le fonctionnaire, les pauvres doivent se garder d'aller demander de quoi manger, ils ne doivent pas déranger. Or, si le pauvre ne demande rien, il risque de mourir. Kéba reproche à Sagar, et aux gens comme elle, de donner et, de ce fait, d'encourager les pauvres à faire l'aumône. On notera le passage de « pauvres » à « ce fléau », ce dernier terme étant très fort puisqu'il renvoie à une catastrophe, à une épidémie comme la peste, par exemple, à tout ce qui peut perdre le pays. Kéba est extrêmement dur et exaspéré face à ce problème. Il ne faut pas oublier non plus que l'homme est fonctionnaire : il a reçu l'ordre de débarrasser la ville de ses mendiants ; il doit être efficace car il a des comptes à rendre à ses supérieurs.

6. Pour Kéba, la religion apprécie les personnes discrètes, humbles. Elle ne prescrit pas de comportement ostentatoire, débarrassé de toute forme de pudeur. Or, pour le fonctionnaire, le mendiant est dépouillé « de toute vergogne », il n'éprouve aucune honte. Son attitude va à l'encontre des préceptes religieux. Donc, la religion ne protège pas ces gens-là. Logique et sensible, Sagar lui oppose une thèse imparable et juste : « comment vivraient-ils s'ils ne mendiaient pas ? ». Réponse libre.

7. Sagar va plus loin ; en rappelant à Kéba le devoir dont chaque humain doit s'acquitter (« à qui les gens donneraient-ils la charité […] qui est un précepte de la religion ? »), elle met l'homme face à ses contradictions. Pour elle, les pauvres existent depuis longtemps ; la religion exige qu'on les aide, c'est un précepte, une recommandation. C'est la religion qui oblige l'être humain à secourir autrui. Et s'il n'y a plus de pauvres, les croyants ne peuvent plus respecter le précepte de charité ; ils ne peuvent plus être de bons croyants.

8 Réponse libre. Face à l'argument juste de Sagar, l'homme n'a peut-être plus rien à dire. Dans le titre général, le changement apporté est la précision « les déchets humains », précision d'une grande violence : les pauvres, les Bàttu, sont devenus des « déchets », des choses rejetées, dont on n'a pas besoin, qui sont sales. L'humain est réduit à l'état de détritus, d'ordure. Aminata Sow Fall dénonce les injustices sociales que subissent les pauvres, le système qui marginalise ceux qui n'ont rien.

Nathalie Sarraute (p. 122)

❶ Quand son livre est publié, en 1983, N. Sarraute a 83 ans. Dans cette œuvre, il s'agit de souvenirs d'enfance de l'auteure.

❷ Le texte est composé de parties narratives (trois paragraphes), puis d'un espace « blanc » assez important et d'une partie dialoguée annoncée par les tirets.

❸ Dans ce texte, c'est la narratrice qui parle (« Je suis assise… »). Ce passage est consacré aux souvenirs d'enfance de l'auteure. Elle se rend avec sa mère chez l'un de ses oncles.

❹ La narratrice est avec sa mère « près de maman dans une voiture ». Elle lit « un livre de la bibliothèque rose » (la bibliothèque rose est une collection de livres pour enfants). La voiture tirée « par un cheval » peut faire penser à une époque ancienne. En fait, nous sommes au début du XXe siècle, vers 1910. À cette époque, la petite fille a environ 10 ans. Les deux points et les guillemets annoncent une parole au discours direct, telle qu'elle a été prononcée. C'est la mère qui parle : « Arrête-toi maintenant (…) les yeux » ; elle reproche à son enfant de trop lire, au risque de fatiguer, d'abîmer ses yeux.

1 La narratrice va à Kamenetz-Podolsk, une ville de Russie (dans la biographie, on peut lire que N. Sarraute est née en Russie, qu'elle y a passé une partie de sa petite enfance). Elle se rend chez l'un de ses oncles, Gricha Chatounovski, avocat et frère de sa mère.

2 « Ce vers quoi nous allons, ce qui m'attend là-bas » reprend « La ville où nous allons », c'est-à-dire le lieu où habite l'oncle de la narratrice. Ce lieu a la particularité de posséder « toutes les qualités qui font de beaux souvenirs d'enfance ». Sarraute met entre guillemets « beaux souvenirs d'enfance » comme pour marquer une distance avec son propos, pour indiquer qu'elle en fait un autre usage que la plupart des autres personnes, en particulier, peut-être, les écrivains qui rédigent leur autobiographie. Elle adopte une distance ironique. Elle attire l'attention sur le fait que ces souvenirs sont « beaux », qu'ils ne sont donc pas anodins, banals. Cependant, cette « beauté » correspond aussi à celle de certaines conventions sociales et littéraires dont elle se démarque.

3 Les personnes qui « possèdent » ces souvenirs les « exhibent » (les montrent) avec une certaine fierté, avec insistance. Sarraute porte un regard méfiant et distant sur ces personnes. On remarque l'emploi du terme péjoratif « exhiber » ; « une certaine nuance de » apporte une connotation négative à « fierté ».

4 Sarraute emploie volontiers la deuxième personne du pluriel « vous » pour parler à la fois d'elle et de tous ceux qui partagent ces souvenirs (on peut penser aux écrivains qui ont raconté leur souvenirs d'enfance : Loti, Leiris, Proust) ; ce « vous » peut s'interpréter comme une interpellation des lecteurs, les prenant à témoins. Les parents « ont pris soin de fabriquer », de « préparer de ces souvenirs en tout conformes aux modèles les plus appréciés ». La fausse question, à la forme affirmative, peut se dire ainsi : il faut être fier d'avoir eu des parents qui ont pris soin de nous fabriquer des souvenirs, de nous préparer des souvenirs exactement comme ceux qui sont le plus appréciés, qui ont de la valeur. Il semble que Sarraute prend des distances avec ce qu'elle écrit ; elle est ironique et est méfiante justement de tout ce qui peut s'offrir comme de « beaux souvenirs ». Les verbes « fabriquer », « préparer » peuvent faire penser à tout ce qui relève du faux, de l'arrangement, donc de ce qui n'est pas vrai. Elle se demande s'il faut se réjouir ou pas, d'avoir, pour elle aussi, de beaux souvenirs préparés par ses parents.

5 Dans la première intervention, aucune marque d'énonciation n'est donnée (pas de pronom personnel, ni de verbe introducteur). Il y a une personne (une voix) qui semble répondre à la narratrice ; on note seulement un tutoiement « tu as (...) toi aussi » et une incitation, une prière « laisse-toi aller un peu ». L'expression « ça se comprend » reprend « J'avoue que j'hésite un peu... ». « Tu » est encouragé à se laisser aller, car « tu » possèdes aussi des souvenirs ; et ce qui « si tentant », c'est de les raconter, sans gêne.

6 Dans la dernière réplique, c'est l'autre voix qui répond à la narratrice. C'est son double. « les » reprend « ces souvenirs », qui sont perçus comme étant « plus intenses » car « ils n'étaient pas faits pour moi (...) parcelles... ». C'est la conscience que ces souvenirs ne lui appartiennent pas entièrement, qu'elle n'en a « goûté » que des parties, qui les rendent précieux à la narratrice et en éloigne le risque « d'affadissement » ou d'« accoutumance ».

7 Dans le texte, c'est le présent de narration qui domine. Il donne l'impression que ce qui est raconté se déroule dans l'immédiat ; les frontières spatio-temporelles semblent abolies. La voix du narrateur adulte se confond avec celle de la narratrice enfant. La narratrice parle, se parle à elle-même. Son double intervient pour lui poser des questions, l'encourager, l'écouter, collaborer. Ce double, Sarraute l'appelle « le côté raisonnable » dont son écriture a besoin pour se constituer de façon authentique. Le rôle des points de suspension peut s'interpréter comme marque d'une hésitation (on suspend ce qu'on dit), le personnage n'a pas fini que l'autre voix lui coupe la parole. Ils miment une mémoire en fragments : rien ne peut être narré dans sa totalité. La mémoire, ce sont des éclats, des surgissements de la pensée.

Pierre Michon (p. 124)

❶ Réponse libre. Le titre *Vies minuscules* peut faire penser à des histoires de vie de petites gens, de personnes pauvres, sans importance. L'adjectif *minuscule* signifie très petit ; ici, la connotation de vie « sans importance » est sans doute sous-entendue.

❷ Dans la première phrase, on apprend qu'il s'agit d'« André Dufourneau », un homme ou un enfant. C'est en fait un garçon, sans parents (orphelin), et qui vit à l'assistance publique, là où sont placés les enfants sans famille. Michon s'intéresse au milieu paysan du début des années 1900. Il a été marqué par les récits que lui faisait sa grand-mère lorsqu'il était plus jeune.

❸ André a été sollicité par la famille du narrateur (ses arrière-grands-parents) pour l'aider dans les travaux de la ferme. Il s'agit du milieu paysan, de gens modestes.

1 L'enfant arrive à la ferme peut-être « un soir d'octobre ou de décembre ». Le narrateur utilise le présent de l'indicatif (« je me plais ») lorsqu'il intervient dans le récit. On est alors dans le moment de l'écriture. Il utilise aussi le passé simple (« envoya ; il arriva ; frappèrent... »), temps du récit, racontant les événements qui se sont déroulés dans le passé ; le futur (« frapperont ; connaîtrons ») renvoie à une action ultérieure. Ce qui est curieux ici, c'est l'emploi de ce temps dans un récit : tout se passe comme si les temporalités se confondaient, comme si le temps du récit et celui de l'écriture étaient poreux.

2 Dans ce paragraphe, André n'est pas vraiment décrit : on sait juste qu'il a eu froid pendant le voyage (« rougies par le gel vif »), que c'est un enfant curieux, qui a observé le lieu en arrivant (« regarda l'arbre, l'étable, la façon de (…) la porte »), les visages des gens chez qui il va vivre (« les visages nouveaux sous la lampe »). Pour le présenter, le narrateur fait le choix de l'évoquer à travers quelques détails : celui du temps (octobre, décembre), d'un trait du visage (les oreilles), des actions brèves qui se suivent (regarda ; il eut une pensée ; s'assit ; mangea ; resta). La dernière phrase produit un effet de rapidité, d'éclair, de synthèse : les dix ans qu'il a passés dans cette famille sont résumés en quatre mots. Il y a ellipse (le narrateur choisit de ne pas dire ce qui s'est déroulé). Ce paragraphe est composé de quatre phrases, dont trois sont très courtes, et une longue, ponctuée par des virgules, points-virgules ; le lexique de la description/ narration reste simple (« envoya ; trempé de pluie… »), répétitif (« frappèrent ; frapperont ; regarda l'étable ; regarda les visages »). Le pronom personnel « il » est repris six fois. Il n'y a pas de lien logique entre les fragments de phrase. C'est un effet de simplicité, de dépouillement, qui est recherché. Toute dimension affective, voire appréciative est exclue. C'est une sorte d'écriture blanche, minimaliste qui est ainsi donnée à lire, comme si le choix du sujet de création *Vies minuscules* imposait le type d'écriture.

3. Il s'agit de la grand-mère, dont on apprend qu'elle s'est mariée en 1910. À l'époque où André est arrivé dans la ferme, elle « était encore fille », c'est-à-dire qu'elle n'était pas encore mariée. Elle « s'attacha » à l'enfant et son affection protège ce dernier de la rudesse des paysans : « tempéra la bonhomie brutale des hommes ».

4. Comme l'enfant n'est jamais allé à l'école, elle lui apprend à lire et à écrire. Le narrateur « imagine » une jeune paysanne, un soir en hiver, qui ouvre le buffet, fait grincer la porte, prend un cahier pour le petit garçon, s'assied près de lui. On remarque la présence du présent de narration, qui produit un effet d'instantanéité. Cette présentation peut faire penser à un film.

5. « Les palabres patoises » renvoient aux discussions dans la langue des paysans. La voix de la grand-mère, instruite, s'élève et devient plus noble (« s'anoblit ») : elle parle en français, langue du savoir, de la culture. Les expressions qui l'opposent à « palabres patoises » sont : « un ton plus haut ; des sonorités plus riches ; aux plus riches mots ». Le français est considéré comme une langue noble, « riche », supérieure au « patois » des paysans.

6. L'enfant est docile et attentif : il écoute, répète d'abord avec appréhension, inquiétude (« craintivement »), puis avec contentement, satisfaction (« avec complaisance »). À ce moment-là, il ne sait pas encore « qu'à ceux de sa classe (aux personnes comme lui, qui sont des paysans), la Belle Langue ne donne pas la grandeur, mais la nostalgie et le désir de grandeur. » À cette époque, au début du XXe siècle, la Belle Langue, le français, était parlée par l'élite, les gens cultivés, les classes sociales dominantes.

7. Dans ce contexte (le milieu paysan) « grandeur » signifie l'élévation intellectuelle et sociale. C'est aux classes aisées que la Belle Langue « donne de la grandeur », la possibilité de bien vivre, de penser le monde, d'être en position de pouvoir. Sa maîtrise est un signe de distinction. Pour les pauvres, elle permet l'ouverture à d'autres réalités, la connaissance d'autres univers, elle fait prendre conscience des différences, mais ne permet pas d'accéder à une meilleure situation, de réellement vivre une autre vie. Elle leur donne seulement « la nostalgie et le désir de grandeur ». Ils savent désormais que cette « grandeur » existe, mais il leur est impossible de l'atteindre.

8. Réponse libre. Effectivement, cet extrait correspond au titre : la vie d'André est « minuscule » ; c'est un paysan dont l'existence se déroule dans un milieu rude où les gens luttent pour leur survie, où le savoir n'est pas considéré comme une priorité. Même l'instruction qu'il reçoit ne lui permettra pas de sortir de sa condition sociale.

Marie Redonnet (p. 126)

❶ Il s'agit d'une femme, qui lutte pour entretenir un hôtel que lui a légué sa grand-mère. Elle y vit avec ses sœurs : l'une est malade, l'autre artiste ratée. Aucune ne l'aide. Le personnage sans nom ni âge renvoie au Nouveau roman.

❷ L'hôtel est construit près d'un marais. On peut considérer qu'un établissement près d'une étendue d'eau stagnante présente quelques inconvénients : humidité, moustiques… On peut aussi se dire que la faune et la flore présentes dans les marais sont des atouts pour les amateurs de la nature. La réponse reste libre !

❸ Ce passage est extrait de *Splendid Hôtel*. On peut remarquer que « Splendid » ne porte pas de « e » ; c'est donc l'adjectif anglais qui est utilisé. En terme de publicité, il fait appel à l'étranger, au dépaysement. Cependant, les mots ont le même sens dans les deux langues et le client peut imaginer un hôtel de luxe, magnifique et offrant tout le confort possible. La réponse reste libre !

❹ C'est « je » qui parle, la narratrice, la femme qui lutte pour entretenir l'hôtel. Réponse libre.

1 La réponse est libre, cependant nous nous permettons quelques suggestions… Le nom de l'hôtel fait rêver, or il est construit près d'un marais qui peut présenter quelques inconvénients, sauf pour les inconditionnels de la nature. Toutes les chambres se ressemblent, ce qui représente une forme d'égalité entre les clients, mais empêche tout choix. Les tuyauteries sont en mauvais état, réalité qui, au niveau d'un séjour, peut se révéler parfois désagréable.

2 Ce sont des phrases simples et déclaratives. La première présente une réalité ; la seconde explicite la première, sous une forme négative. Il n'y a pas vraiment de progression de l'une à l'autre, sauf à se dire que « distinguer » peut être une forme de commentaire du narrateur caché : le sens est le même, les mots sont différents. Il y a toujours un narrateur, mais ici, dans ces deux phrases, ses traces sont absentes du discours. Le lecteur a l'impression qu'une réalité se dit, s'écrit, s'inscrit d'elle-même et s'impose par la seule force de l'écriture. Il y a un effet d'objectivité et de neutralité.

3 Grand-mère a le sens de la justice, mais sans doute pas celui du commerce. La narratrice rapporte ce qu'elle sait, sans forme de jugement (sauf peut-être « distinguer »). La différence de point de vue est exprimée indirectement : la narratrice donne la parole aux clients, utilise le conditionnel (« préféreraient »), forme de refus de s'impliquer personnellement ; elle ne dit pas ce qu'elle pense. L'écriture créée se veut neutre, « blanche » : un état des lieux est présenté au lecteur, sans jugement explicite ni point de vue.

4 Les indicateurs temporels sont : longtemps, maintenant, trop tard, déjà, dès que, souvent, régulièrement, à temps, avant, chaque jour, je finis par, à chaque fois. Le texte est saturé de ces indices, donc par le rapport au temps. La narratrice lutte sans cesse pour entretenir l'hôtel, refaire les boiseries, réparer les tuyaux. Sa vie est un combat contre le temps et les dégradations irrémédiables de l'établissement.

5 La narratrice a « le projet de peindre chaque chambre d'une couleur différente. », mais il est trop tard car cela « ferait ressortir le mauvais état des meubles et des sanitaires. ». Le fait d'avoir refait les boiseries a probablement eu un effet semblable : faire ressortir le mauvais état des murs ou des objets alentour. Elle se sent sans doute dépassée, impuissante à freiner le délabrement de l'hôtel.

6 Il est question du mauvais état des tuyaux, qui fuient, laissent l'eau s'échapper. Le problème technique n'est pas vraiment décrit, il est signalé, énoncé, comme tous les problèmes que présente l'hôtel : « Les tuyaux sont de plus en plus rouillés. » ; « il y a régulièrement des fuites. ». La narratrice parle surtout du travail que lui inflige cette situation et ce qu'elle fait pour retarder la catastrophe. Les phrases sont juxtaposées : il n'y a pas de liens logiques ou temporels entre elles. Beaucoup sont des phrases simples. Lorsqu'elles sont complexes, elles développent la même idée, tournent autour du problème des tuyaux et de ses conséquences. Le vocabulaire lui aussi est simple ; il n'y a aucun adjectif qui complète les noms, comme si la seule énonciation de l'état des choses se suffisait à elle-même.

7 L'état financier de la propriétaire doit être précaire. Si l'hôtel garde quelques traces de sa splendeur passée, il se dégrade irrémédiablement et le manque d'argent empêche tout investissement d'envergure qui pourrait sauver le lieu. Réponse libre.

8 Le temps principal est le présent de narration, qui donne l'impression que le récit se passe en même temps que la lecture, qui donne aussi, ici, une impression d'atemporalité puisque toute référence temporelle extérieure au récit est bannie : l'avant et l'après, par rapport au « maintenant » du temps principal, se rapportent toujours à lui. Le « je » qui parle, sans âge ni nom, est totalement désincarné et son existence se réduit à ses activités dans l'hôtel. Beaucoup de phrases sont déclaratives et la subjectivité semble absente des descriptions : une forme de constat est fait, une sorte de description de l'état des lieux et des choses envahit l'espace narratif et expulse le sujet. Cette forme d'écriture est très proche de celle du Nouveau roman. Réponse libre.

Amin Maalouf (p. 128)

❶ Ce passage est extrait de *Samarcande*. Réponse libre.

❷ Ce texte est composé de passages narratifs, de passages dialogués (présence des tirets) et de deux quatrains.

❸ L'histoire se passe dans la ville de Samarcande vers 1074 (O.Khayyam est né vers 1050). En France, cette période s'appelle le Moyen âge. Réponse libre.

❹ Il y a Omar Khayyam, savant et poète, disciple d'Avicenne ; un vieil homme, lui aussi disciple d'Avicenne, qui se fait agresser. Le chef des agresseurs s'adresse à Omar. L'ambiance de la rue doit être tendue, violente, les gens doivent crier, certains encourageant les agresseurs, d'autres essayant peut-être de les calmer.

1 De « Par Dieu (…) Seigneur ? » (premier mouvement) : c'est le chef des agresseurs qui parle.
De « Khayyam (…) chemin. » (second mouvement) : c'est Khayyam qui prend la parole. Le récit est équilibré, chacun des protagonistes peut avancer ses arguments ; les oppositions sont ainsi nettement marquées.

2 Il le nomme d'abord par son prénom, cite un lien de parenté et le lieu de naissance, « fils d'Ibrahim Khayyam de Nachipour. ». Puis il passe de « étoile » qui renvoie à un esprit brillant à l'appréciation beaucoup plus précise de « génie », c'est-à-dire un esprit supérieur, capable de créations extraordinaires, pour finalement terminer par « le prince des philosophes ». À chaque fois, il accorde à Khayyam une distinction qui s'étend sur des territoires de plus en plus grands (« du monde entier » étant sous-entendu dans la dernière apostrophe). Le philosophe pense, critique, questionne les évidences et débusque les mensonges : en ce sens, il est dangereux pour les manipulateurs. Sur un autre plan, traiter une personne de « philosophe » dans une foule agitée et violente, c'est la désigner comme cible à la vindicte et la mettre en danger. Les paroles de l'homme sont menaçantes : c'est le chef des agresseurs du disciple d'Avicenne.

3 L'homme s'attire « les gros rires des badauds ». Le mot est « immanquablement ». Le chef des agresseurs répète : « comment ai-je pu ne pas reconnaître », qui est une phrase interro-négative, appartenant au langage soutenu et témoignant du bon niveau d'éducation de celui qui la prononce. Il s'étonne, ici faussement, de ne pas avoir reconnu Khayyam et s'interroge, implicitement et tout aussi faussement : « comment est-ce possible de pas l'avoir reconnu » (sous-entendu : « lui qui est si célèbre et que tout le monde connaît ? »). Par la forme de cette phrase, il signifie que rien n'est vrai dans ses propos et qu'il a très bien reconnu Khayyam. Le caractère soutenu de sa phrase montre que son niveau d'éducation peut lui permettre de discuter avec Khayyam, mais les gestes qu'il fait établissent une connivence avec la foule et contredisent l'apparente courtoisie des paroles. Sa deuxième interrogation est très pernicieuse puisqu'elle introduit le poème qu'il accorde à Omar. Son intention est sans doute de provoquer Khayyam tout en mettant les badauds de son côté et de mettre en danger ce dernier.

4   Le robaï est adressé au Seigneur, à Dieu. Celui qui l'a écrit reproche à Dieu d'avoir cassé sa cruche de vin et ainsi de lui avoir interdit l'accès au plaisir. Il va même plus loin en demandant au Seigneur s'il n'est pas ivre, s'il n'a pas trop bu. La foule ne peut être qu'hostile, violente. Les injures et les imprécations doivent fuser, des gestes de menace doivent être nombreux.

5   La foule peut se retourner contre lui ainsi que la bande d'agresseurs, menée par son chef, qui a si bien manipulé la situation. Khayyam est très conscient du danger : « Une telle provocation est un appel au meurtre, sur-le-champ. » Il est tout d'abord « indigné » et « inquiet », puis il réfute la paternité du robaï : « je l'entends de ta bouche pour la première fois, inconnu », n'en discute pas le contenu et en propose un autre qu'il a réellement composé.

6   Il est question des ignorants. Pour Khayyam, ils sont responsables de leur condition : « ne veulent rien savoir ». Sans doute est-il plus rassurant de rester enfermés dans ses certitudes que de s'ouvrir au monde. La connaissance risque d'ébranler les certitudes. Cependant, les ignorants « dominent le monde. » et lorsque l'on n'en fait pas partie, lorsque l'on n'appartient pas à leur groupe, ils vous disent « incroyants », infidèles, païens (…) ce qui, dans la situation où se trouve Khayyam, face à cette foule ignare et manipulée par le chef des agresseurs, est extrêmement dangereux. Réponse libre.

7   Les deux passages sont au présent. Le présent de narration donne l'impression que les faits se produisent en même temps que la lecture. Le récepteur a l'impression d'assister à une scène qui se déroule sous ses yeux. D'une certaine manière, le présent de narration abolit le temps : ici, il rend contemporains des faits, des pensées advenus au XIe siècle.

8   Production libre.

Bernard-Marie Koltès (p. 130)

❶ Les personnages sont la mère et Zucco. Il s'agit d'un texte de théâtre.

❷ Le titre de l'œuvre est *Roberto Zucco*. Réponse libre.

❸ Dans les deux indications, on apprend que Zucco donne des coups à la porte et ensuite qu'il l'a brisée. C'est l'image d'un homme brutal, sauvage qui nous est présentée. Réponse libre.

1   Zucco était en prison. Il a sans doute commis un acte très grave, volé, tué. L'intervention de la mère « Quelle espèce de prison est-ce là » sous-entend que d'abord qu'elle n'est pas contente de revoir son fils, et ensuite que cet endroit n'est pas bien gardé puisqu'il a réussi à s'en échapper.

2   Zucco répond qu'on ne le gardera pas plus de quelques heures en prison. Le verbe répété est « ouvre », à l'impératif, exprimant l'ordre. Zucco est prêt à casser la porte si sa mère ne lui ouvre pas. Réponse libre.

3   Les questions soulignent l'incompréhension de la mère. Il s'agit de phrases négatives, dans lesquelles la mère exprime sa réaction face à son fils : elle le rejette, le renie, ne veut plus le voir.

4   Réponse libre. Il a sans doute commis un crime, un viol…

5   Roberto est dans la maison. La mère a peur, elle lui demande de ne pas s'approcher d'elle. Zucco est venu chercher son vêtement de combat (« mon treillis »), symbole de la guerre, de la violence.

6   Elle nomme ce vêtement « saloperie d'habit militaire ». Le lexique est péjoratif et souligne le regard sévère de la mère. Elle rejette cet habit. Elle traite son fils de « fou » et pense qu'elle et son mari auraient dû comprendre plus tôt que cet enfant était violent et, par conséquent, s'en débarrasser vite. Ses propos sont très violents, ils montrent à quel point elle ressent du regret, de la colère face à son garçon.

7   Zucco donne des ordres à sa mère : « Bouge-toi, dépêche-toi, ramène-le… ». La mère propose d'abord de l'argent, ensuite elle refuse (elle répète deux fois « Je ne veux pas » : elle ne veut pas lui donner ce qu'il veut). De la relation mère/ fils, il ne reste rien, excepté la violence.

8   Elle répète trois fois « ne crie pas », verbe qui dit bien le caractère violent du fils, sans doute prêt à maltraiter sa mère. Celle-ci a peur mais son attitude est paradoxale puisque la raison de son refus ne tient qu'au fait que le treillis est sale et qu'il faut le laver. Peut-être a-t-elle jeté ce vêtement et, dans ce cas, elle cherche à gagner du temps, ou bien reprend-elle l'attitude de la mère soumise qui fait tout. Dans ce dernier cas, c'est lui qui ne rentre pas dans son jeu.

9   Koltès a sans doute voulu rendre compte de la violence de certaines personnes, de l'incompréhension au sein même des familles, du manque de dialogue, de la misère affective.

Marguerite Duras (p. 132)

❶ Ce passage est extrait de *L'Amant de la Chine du Nord.* Réponse libre.

❷ *L'Amant de la Chine du Nord* fait écho à *L'Amant*, écrit en 1984. Pour la deuxième question, la réponse est libre. En fait, Duras était mécontente du travail du metteur en scène, J.-J. Annaud, et a difficilement supporté aussi, qu'un autre cinéaste adapte son roman, alors qu'elle même est cinéaste. Ce roman est un recommencement de *L'Amant*, une forme de variation et une réponse au travail d'Annaud. Dans *L'Amant de la Chine du Nord,* elle se démarque du film en donnant des indications sur ce qu'auraient dû être les personnages au regard de son roman *L'Amant*.

❸ Cette scène se passe sur un bac qui traverse le fleuve Mékong, le plus long d'Asie. Le bateau va d'une rive à l'autre du fleuve, au Vietnam. C'est la rencontre de la narratrice, « l'enfant », et d'un homme chinois. Réponse libre.

1   Les phrases les plus fréquemment utilisées sont des phrases simples et courtes, sauf la quatrième. Deux sont non verbales : « le bac des livres. » ; « Du fleuve ». C'est la narratrice, l'enfant qui décrit. On a l'impression d'être au cinéma : il y a d'abord un grand angle sur le fleuve puis la caméra se rapproche du bateau, se focalise sur quelques détails (le car, les Bollées noires, les amants de la Chine du Nord) et à nouveau s'éloigne pour montrer le bac qui part.

2   Le temps principal est le présent, dit de narration, qui donne l'impression que les événements se passent dans le même temps que la lecture. Le lecteur a l'impression d'assister à une scène qui se déroule sous ses yeux.

3 « Le bac des livres » ; « comme la jeune fille des livres » ; « un autre homme que celui du livre » ; « il est un peu différent de celui du livre » ; « il est "plus pour le cinéma" » ; « Elle, elle est restée celle du livre ». La narratrice fait référence à son livre *L'amant*, vendu a plusieurs millions d'exemplaires et au film adapté du roman par J.-J. Annaud. Pour Duras, c'est la jeune fille qui reste le plus proche de ce qu'elle a imaginé.

4 La narratrice, M. Duras, est française. Le fait qu'elle sorte d'un car qu'empruntent les « indigènes », les Cambodgiens, les Vietnamiens, les gens colonisés, n'est pas « normal » ; elle ne respecte pas les codes de la société coloniale : les colons et les colonisés ne se retrouvent pas dans les mêmes cars.

5 « Les amants de la Chine du Nord ; l'enfant ; elle ; le Chinois élégant ; Elle ; un autre homme ; un autre Chinois de la Mandchourie ; elle est restée celle du livre ; folle de... » L'accent est mis sur la différenciation des genres (elle/lui), sur ce qui lie et oppose les personnages, sur ce qui les particularise. À travers cette technique d'écriture, M. Duras est proche du Nouveau roman : le personnage n'est pas une personne, mais un ensemble de traits, une entité romanesque qui se différencie d'autres entités romanesques, crée des relations avec d'autres entités pour produire une narration. Les personnages évoluent sur une trame narrative ; une distance est instaurée entre lecteur et personnages.

6 « Elle », c'est une « enfant » : elle est « petite », « maigre ». Ce qui est curieux et inhabituel, c'est qu'elle soit « fardée », maquillée. La manière dont elle est habillée est aussi déconcertante : elle porte un chapeau d'homme, d'« enfance et d'innocence ». Cette précision inattendue, poétique, renvoie à l'âge de « elle », au fait qu'elle ne soit pas encore touchée par le mal, qu'elle ne comprenne pas encore le monde des adultes. Les guillemets attirent l'attention du lecteur, extraient le segment du reste du texte. C'est peut-être aussi une expression que Duras emploie dans un autre de ses textes : elle signale ainsi cet emprunt. Les tirets lient les mots, les attachent les uns aux autres pour ne produire qu'un seul « mot », une qualification originale et unique concernant le chapeau et la robe. Nous sommes dans la journée, or « elle » porte des chaussures de soirée (« souliers de bal »). Les signes de pauvreté apparaissent dans la description des vêtements : la robe est jaunie, elle est donc assez ancienne et les chaussures sont usées, déformées (« éculés »). L'idée de pauvreté est développée de manière explicite et insistante dans le dernier paragraphe : « pauvre, fille de pauvre, ancêtres pauvres... ». « Elle » est première en français, mais déteste la France. Elle est irrémédiablement attachée au Vietnam. C'est une enfant, mais elle est « sexuelle comme pas rencontré encore » : là encore, c'est le côté parfaitement singulier, en rupture avec l'idée que l'on se fait de l'enfance, qui est souligné. Enfin, elle est dévorée par le désir de lire, de voir, de connaître, de découvrir le monde. Le dernier adjectif est sans doute celui qui résume le portrait de l'enfant : « libre », absolument.

7 Les répétitions sont nombreuses : le fleuve, le bac, elle, il, l'enfant... Les reprises de mots sous d'autres formes sont aussi nombreuses : le bac sur le Mékong/le bac des livres ; elle/l'enfant/la jeune fille/elle est restée celle du livre ; le Chinois élégant/Chinois de la Mandchourie. Il en est de même pour les parallélismes de construction : « C'est le fleuve/C'est le bac ; Elle regarde le fleuve/Elle regarde aussi le Chinois... » Les phrases sont en général courtes et lorsqu'elle sont longues, leur construction est basée sur des segments courts, séparés par des virgules. Le style est à la fois poétique et musical. Les effets de soulignement à travers les reprises sous forme de variations, les adjectifs, les adverbes, focalisent sur ce qui est vu et construisent cette écriture du regard, quasi cinématographique, simple et dépouillée. Réponse libre.

Le Clézio (p. 134)

❶ Ce passage est extrait de *Étoile errante*. Réponse libre.

❷ C'est Israël qui a été créé en 1948. Dans le désert, des camions emmènent l'héroïne, Hélène-Esther et d'autres personnes vers Jérusalem. D'autres gens arrivent, en sens inverse.

❸ C'est le prénom Nedjma. Les majuscules brisent la régularité du texte et attirent l'attention du lecteur. Peut-être est-ce Nedjma, l'étoile errante.

1. Les réfugiés sont des Palestiniens. Leur démarche est lente, leurs visages sont détournés (sans doute ne veulent-ils pas voir les gens qu'ils croisent) ; ils ont « le regard absent », vide. « Silence » est répété deux fois, d'abord qualifié de « pesant », puis de « mortel » : il y a une gradation entre les adjectifs : de lourd, difficile à supporter, on passe à la connotation de la mort, soulignée par la comparaison « pareils à des masques de poussière et de pierre ». Ces personnes ressemblent à des morts-vivants : la poussière du désert s'est incrustée dans leur visage ; la fatigue et le désespoir sont si grands qu'elles ne peuvent plus rien exprimer (masques de pierre). C'est l'immense fatigue, l'accablement, la souffrance qui déshumanisent les personnes, les rendent absentes à elles-mêmes, qu'a voulu transmettre le narrateur.

2. Esther (premier mouvement) : elle descend d'un camion et s'approche des femmes. « Soudain » (second mouvement) : une très jeune fille se détache de la troupe et marche vers Esther. « Puis » (troisième mouvement) : la jeune fille sort un cahier de sa poche. « Enfin » (quatrième mouvement) : la jeune fille retourne vers le groupe des réfugiés. « Mais » (cinquième mouvement) : Esther repense à ce qui vient de se passer.

3. Esther descend d'un camion et s'approche des femmes : elle cherche à comprendre qui sont les gens que croise la caravane.

4. La phrase commence par l'adverbe de temps « Soudain » (qui marque la rapidité de l'action), suivi par une notation de provenance (« de la troupe »). Le sujet « une très jeune fille » est rejeté en fin de fin de phrase, produisant ainsi un effet de focalisation. Ce personnage est une très jeune fille palestinienne, son visage est « pâle et fatigué », sa robe « pleine de poussière » ; elle porte « un grand foulard sur ses cheveux ». Ses chaussures sont abîmées par la marche : « les lanières de ses sandales étaient cassées. ». La jeune fille s'approche d'Esther, pose sa main sur son bras, mais ne lui parle pas, ne demande rien. Le geste est une ébauche de lien, entre deux êtres humains que tout sépare à l'instant de l'histoire/Histoire. Le fait de ne pas parler, de ne rien demander est peut-être dû à la barrière de la langue, à la situation que vivent les réfugiés, face à laquelle les paroles sont vaines, à l'accablement absolu de la jeune fille, à sa fierté aussi, qui lui interdit de demander quoi que ce soit à ceux qui la chassent de sa terre.

5. Elle sort un cahier vierge de sa poche, écrit son nom en majuscules NEDJMA, sur la première page, en haut, à droite (comme écrivent les Arabes), et tend le cahier à Esther « pour qu'elle marque aussi son nom ». Sur une page d'un cahier, les noms des deux jeunes filles, l'une Palestinienne, l'autre Juive seront réunis, sur le même espace. Dans ce contexte, en 1948, au milieu du désert, quand les deux peuples se croisent, l'un arrivant vers la terre promise, l'autre condamné à l'exode, la situation est pour le peu invraisemblable. Cependant, elle est hautement symbolique : les deux peuples sont gens du Livre et de l'Écriture. C'est sur un livre (le cahier), que les noms de la Juive et la Palestinienne seront écrits. Ce sont deux jeunes filles qui scellent ce lien, espoir de réconciliation, de compréhension et d'amitié, de vie ensemble à venir.

6. Nedjma « retourna vers le groupe des réfugiés qui s'éloignait » ; Esther « dut remonter dans le camion. ». « retourner vers ; s'éloignait »/ remonter dans… ; le convoi se remit à rouler… » ; « vers/dans » traduisent ces chemins opposés. Esther fait « un pas vers Nedjma, pour l'appeler, pour la retenir ». Sans doute veut-elle lui parler, essayer de comprendre.

7 Esther ne peut oublier ce qui vient de se passer : elle ne peut effacer « le visage de Nedjma, son regard, sa main posée sur son bras... ». Pour elle, quelque chose d'irrémédiable est advenu : l'autre a un visage, l'autre est un humain. La même chose est sans doute advenue pour Nedjma.

8 C'est l'immense pouvoir de l'écrivain de créer des possibles. Le fait d'avoir donné le même prénom, décliné dans deux langues différentes, référant à deux peuples et deux histoires souvent antagonistes, à deux jeunes filles, rappelle les deux parties d'une même entité : la lumière, l'étoile qui brille et qui guide. Cette étoile, ces vies, resteront errantes, et liées dans leur errance, sans lieu sûr, aussi longtemps que les prénoms de Nedjma et d'Esther ne seront que des traces sur une feuille de papier. Esther et Nedjma ont le même destin. La réponse reste libre !

Albert Camus (p. 136)

❶ Camus est mort en 1960 et l'œuvre proposée a été publiée en 1994. Elle est donc posthume.

❷ Le titre de la première partie n'appelle pas de commentaire. Le second est beaucoup plus énigmatique. Le fils ne peut pas être le premier homme du point de vue généalogique. Cette deuxième partie fait-elle allusion au fait qu'après la mort du père, ce fils a la place première dans la hiérarchie familiale, qu'il est le premier à avoir fait des études, à être devenu écrivain ou premier dans l'amour qu'il porte à sa mère ou que la mère lui porte. Est-ce l'enfant qu'était Camus ? De multiples hypothèses peuvent être soulevées. Les thèmes relèvent de l'histoire et de la filiation et de cette énigme de la deuxième partie, que reprend, partiellement, le titre de l'œuvre dont ce passage est extrait. L'œuvre est à caractère autobiographique.

❸ L'histoire se passe à Alger, dans les années 1930. L'Algérie est une colonie française.

❹ Catherine Cormery, la mère du narrateur, s'est fait couper les cheveux. À cette époque, cette mode est très mal vue. La jeune femme doit être inquiète de la réaction de sa famille, mais sans doute éprouve-t-elle un sentiment de liberté au regard de son acte.

1 Il est question de la grand-mère (de Camus), mère de Catherine. Le mot « surprise » n'a pas le même sens : Catherine voulait surprendre, étonner sa famille. Pour elle, ce changement avait une dimension positive, moderne, même si elle était inquiète. C'est le côté négatif que ressent la grand-mère : sa fille ne respecte plus la tradition et adopte la mode des Occidentaux, des Français, donc des colons. La transgression de Catherine est double : elle ne respecte plus ce qu'une femme doit être et adopte la coiffure des femmes occidentales.

2 « la toisant ; contemplant l'irrémédiable désastre ; s'était bornée à lui dire (...) elle avait l'air d'une putain. » Les termes expriment le mépris, l'incompréhension la plus totale, l'idée de catastrophe absolue. Le rejet de « putain » en fin de phrase donne encore plus de force au mot et souligne le mépris affiché par la grand-mère. Le fils (Jacques/Camus) assiste à la scène.

3 La première est très longue, complexe et détaille la réaction de la grand-mère ; la seconde très courte, ne relate qu'une action et produit un effet de chute pour ce passage. « Pendant plusieurs jours de suite, la grand-mère n'adressa plus la parole à sa fille. ».

4 Catherine et son fils restent en présence. Ils ne parlent pas. Catherine est sans doute trop humiliée et blessée, son fils sans doute trop malheureux pour elle.

5 Catherine Cormery/elle//Jacques/elle/il : la narration fait alterner chaque personnage, l'attitude de l'un entraînant la réaction de l'autre, comme deux parties d'une même entité.

6 Jacques a « le regard fixe » et est « interdit » : il ne dit rien, est stupéfait, ne bouge pas. Il s'approche d'elle, il l'appelle : « Maman, maman », la touche timidement et lui dit qu'elle est très belle. Comme Catherine lui demande de la laisser, il obéit et recule jusqu'au pas de la porte. Sans doute est-il très triste, malheureux face à la peine et aux pleurs de sa mère. Sans doute ressent-il aussi l'humiliation qui la bouleverse. Il est aussi impuissant, incapable de la consoler.

7 L'astérisque renvoie à une autre version de « pleurer d'impuissance et d'amour » et rappelle que cette œuvre de Camus n'était pas terminée au moment de son décès, qu'elle a été publiée des années plus tard, avec les traces d'éventuelles modifications qu'aurait voulu apporter l'auteur. L'expression qui porte l'astérisque souligne que c'est l'amour qui est impuissant alors que celle du texte suggère que c'est le sujet (l'enfant) qui est impuissant face au chagrin de sa mère.

8 « Avait essayé de sourire encore ; ses lèvres tremblaient ; s'était précipitée en pleurant dans sa chambre ; secoué de sanglots. » : ces fragments développent l'idée de tristesse, de malheur, de manque d'énergie pour réagir. Dans un premier temps, Catherine essaye de faire bonne figure en gardant son sourire, mais cette attitude est au-dessus de ses forces. « Pleurant » est repris par des termes plus forts « secoué de sanglots ». Les termes qui se rapportent à Catherine évoquent la tristesse, la désolation : « sa solitude et ses chagrins. » Son lit est son « seul abri », le seul espace de liberté où elle puisse se réfugier, où elle se sente protégée. Sa vie semble d'une certaine manière réduite à cet espace où elle peut se laisser aller, oublier la tyrannie de sa mère, ses chagrins, sa vie triste et solitaire (son mari est mort). Réponse libre.

Yasmina Reza (p. 138)

❶ Ce texte appartient au genre théâtral (reprise du nom des personnages). Il y a trois hommes : Marc, Yvan et Serge.

❷ Le titre est « *Art* » ; les guillemets peuvent signaler un clin d'œil de l'auteure, une mise à distance ; il s'agit peut-être de sa définition personnelle de l'art.

❸ Les trois personnages sont des amis. Serge est sans doute le plus aisé : il a acheté un tableau « blanc » peint par Antrios, d'une valeur de trente mille euro. Réponse libre.

1 Marc s'adresse à Yvan pour lui donner son avis : le tableau est blanc. Il veut savoir ce qu'en pense Yvan. On remarque que sa question est construite sur une négation totale qui appellerait une réponse par oui ou non. Marc est convaincu qu'Yvan sera de son avis.

2 Yvan est n'est pas du même avis que Marc : « Pas tout à fait, non… » ; pour lui, des couleurs sont visibles : « du jaune, du gris, des lignes un peu ocre ». Les points de suspension marquent son hésitation. Yvan éprouve peut-être de la gêne vis-à-vis de Serge, il ne veut pas le contrarier. Peut-être aussi n'est-il pas tout à fait persuadé de ce qu'il dit.

3 Yvan semble « ému par ces couleurs ». Dans la suite du texte, on trouve le verbe « toucher ».

4 Face à l'affirmation d'Yvan, Marc se montre très dur : « tu n'as pas de consistance. Tu es un être hybride et flasque », c'est-à-dire sans opinion ferme et personnelle. Il est agacé, exaspéré par l'attitude d'Yvan qui se laisse influencer par les autres, notamment par Serge. Ce dernier pense que Marc est « agressif ». Réponse libre.

5 Marc se justifie en donnant d'Yvan une image très négative : il le considère comme quelqu'un qui cherche seulement à plaire aux autres (« courtisan »), soumis (« servile »), qui n'a pas de personnalité, aveuglé par le pouvoir de l'argent (« bluffé par le fric »), ne distinguant pas la véritable culture de tout ce qui est pacotille et qui est haussé au rang de culture par le snobisme et l'argent de quelques-uns (« bluffé par ce qu'il croit être la culture »). Ses mots sont violents, méprisants. Il rejette ce genre de peinture, « culture que je vomis » et ceux qui s'en disent admirateurs. En fait, il critique Serge : ce dernier a acheté fort cher une peinture « minimaliste » qu'il considère comme une œuvre d'« art ».

6 La didascalie *Un petit silence* indique peut-être la gêne des personnages qui ne savent que répondre à la violence des propos de Marc. Ce dernier ne supporte pas d'entendre Yvan dire que les couleurs du tableau produisent un effet sur lui (« comment peux-tu ? (…) te touchent ? »). Les nombreuses questions, souvent répétitives et jamais terminées, soulignent l'incompréhension de Marc. Yvan lui reproche de vouloir tout diriger (« régenter »), de se montrer autoritaire, d'imposer ses idées. Bien qu'ils soient amis, leur relation semble traversée de conflits, de rapports de force.

7 Serge prend la défense d'Yvan (bien sûr, ils sont du même avis !). Bien que la dernière réplique de Marc puisse paraître catégorique, on la comprend mieux puisque le tableau est réellement blanc : « Il n'y a pas de couleurs. Tu ne les vois pas ». Marc est révolté et Yvan partage, sans distance critique, l'avis de Serge qui lui avait dit que le tableau n'était pas blanc.

8 À travers un vocabulaire très simple, des répliques courtes qui se focalisent sur la « discussion » autour d'un objet (un tableau blanc), Yasmina Reza met en scène la solitude, la fragilité des êtres humains, leurs rapports conflictuels et la difficulté de communiquer.

Boris Gamaleya (p. 140)

❶ Boris Gamaleya est né à l'île de la Réunion, proche du continent africain et des îles des Comores, Madagascar, Maurice et Rodrigue, dans l'Océan indien. Anciennement Île Bourbon, c'était une colonie française. Depuis 1946, elle a le statut de département français d'outre-mer (DOM). On y parle français, créole et beaucoup d'autres langues qui sont celles des habitants ayant peuplé l'île.

❷ Ce poème est extrait de *Lady Sterne au Grand Sud*. Il est question d'une femme qui porte le titre anglais de « Lady » et le « prénom » de « Sterne », petit oiseau des mers. B. Gamaleya précise un espace, le « Sud », qui est « beauté-joie-blessure-amour et lumière. » (ce sont les mots du poète), à la fois source de joie et de souffrance. Le déterminant « au » (à + le) peut signifier l'appartenance à cet espace ou/et que cet espace symbolise cette femme, à moins que le contraire ne soit juste aussi. Il est donc question de la femme-oiseau, absolument libre, qu'il est impossible de « capturer », d'apprivoiser, d'enfermer. Est-il possible de l'aimer ? C'est aussi la femme-île, qui exprime toutes les beautés et les douleurs de La Réunion.

❸ Le poème sans titre déploie ses trois strophes inégales sur l'espace de la page. Chacune d'elles est séparée par une étoile. Les vers sont parfois décalés, eux aussi inégaux. Certains ne sont composés que d'un mot, qui se détache du reste de l'écrit. Le premier mot de chaque strophe porte seul une majuscule. Aucun point, aucune virgule, n'apparaît. Seuls les points de suspension et les tirets ralentissent l'écoulement des vers.

❹ « Je » et « Absence », répétés deux fois, portent une majuscule. C'est « Je », sans doute le poète, qui est présent. À cette présence, il y a l'écho de l'absence. On peut supposer que le thème du poème est la quête de celle qui n'est pas là, qui se refuse, qui fuit…

❺ Réponse libre.

1 C'est « Je » qui parle, qui ouvre le poème. Le verbe « faire » est au futur, temps qui exprime une relative certitude quant à la réalisation d'une action. Le poète fera « de l'oiseau une brèche du vent ». L'oiseau fendra le vent, percera une ouverture dans l'espace, mais cette ouverture est à la fois possible liberté et souffrance : c'est aussi une coupure, une blessure. La liberté du vol de l'oiseau peut renvoyer à la perte, à l'absence : il part, il devient vent, donc insaisissable. Le poète est démiurge, créateur d'un monde qui transforme les oiseaux… C'est Orphée, dont les mots créent le monde.

2. Le premier mot du vers 2 est « mais ». Il indique une opposition, une contradiction. Le pronom qui apparaît est « toi ». Peut-être renvoie-t-il à la femme, à Lady Sterne.

3. « toi » est relié à « une aile des lettres de cette île ». « aile » renvoie à oiseau et est homophone de « elle » ; c'est aussi le dessin d'une lettre et dans « île », il y a « l » et « elle » (homophonie) ; on retrouve la même homophonie dans « lettres », qui signifie à la fois les signes de l'alphabet et la création/production littéraire. « toi » est donc relié en même temps à l'oiseau et à l'écriture. Les lettres et sons répétés sont : [l], [t] et [E] (« ailes » ; « lettres » ; « cette »). La musicalité est très douce, fluide et le son ouvert [E] produit une impression d'envol.

4. Les verbes sont « redouble », « réveille », « trouble ». « inverse » peut aussi être mis dans cette catégorie, même s'il est possible qu'il appartienne à une catégorie différente (adjectif, par exemple). Leur sujet grammatical est « une aile des lettres de cette île ». Leur véritable sujet est « toi », la femme, la femme-oiseau, la femme-île. Les explications données dans « Pour mieux comprendre » permettent de saisir leurs différentes acceptions. Les transformations apportées concernent sans doute la création du poète (redouble//et réveille la voie), qui est plus intense ou qui, oubliée pour un temps, renaît avec cette femme, ainsi que sa vie, qui doit être bouleversée, troublée. « Voie » est homophone de « voix », celle du poète, de sa poésie. À cela se mêlent l'émotion et l'inquiétude (« trouble ») de l'amour. Le monde habituel du poète est totalement bouleversé (« inverse »). C'est sans doute la femme-oiseau-île-lettres qui provoque de telles transformations.

5. Vraisemblablement, le poète parle de l'absence de la femme aimée. Dans la strophe 2, c'est la manière dont l'absence se produit qui est évoquée (« à tour de bras ») et le vers décalé provoque un effet de rupture. Dans la strophe 3, il est question d'un endroit précis (« de ta couche ») où « toi » n'est pas ; le vers est juste au-dessous du précédent, soulignant ici un effet de continuité, d'évidence. La majuscule, la place du mot en début de vers, l'absence de déterminant marquent l'apostrophe et une forme d'allégorie de « l'autre ». La femme aimée est Absence et le poète ne peut s'adresser qu'à l'Absence, au manque.

6. L'absence se produit avec force, violence et de manière systématique, « à tour de bras ». Dans « tapapapages », on retrouve : page(s) ; « ta page(e) » ; « tapage » (bruit, vacarme) ; « papa ». Ce mot créé renvoie à la page, à l'écriture, au bruit et peut-être à une figure paternelle. Le son [pa] et la lettre [t] sont répétés ; ce sont des sonorités dures qui donnent l'impression que des coups sont frappés ; le rythme est heurté et s'oppose à la fluidité mélodieuse du vers 3. Ce sont des images contrastées, voire contradictoires qui sont données de la femme : douce, libre et fragile comme l'oiseau, donnant une impression d'harmonie, mais aussi violente dans la force de son absence, dans la souffrance qu'elle impose.

7. Le mot « flancs » fait référence à une partie du corps ; c'est la première fois que le corps de la personne aimée apparaît. Habituellement, le verbe « se retirer » concerne une personne ou la mer, l'eau (on dit que la mer se retire). Dans ce vers, ce sont les « flancs » qui se retirent comme si cette partie du corps était la personne tout entière (la figure de style est une synecdoque). À cette image se superpose celle de l'eau, de la mer. Le monde créé par le poète est fait de correspondances ; les frontières qui délimitent les éléments sont effacées.

8. C'est le vers 2 de la dernière strophe. Le mot « couche » est lui aussi polysémique : il peut signifier un lit, mais ce peut être une épaisseur d'herbes sur laquelle on se repose, on fait l'amour. Le sens reste toujours indécis, à rechercher, à construire. Les images qu'évoque le texte sont laissées à l'appréciation des étudiants. On peut suggérer l'amour charnel, la sensualité et aussi un amour protecteur, comme celui que l'on éprouve pour un enfant (« où te bordait le poète ») ; cependant, ce fragment de vers

peut renvoyer à la tendresse qui se glisse dans la passion. Les odeurs sont celles, sucrées et sensuelles de l'ylang-ylang, bien sûr, celles de la magnifique nature de l'île, celles de la mer aussi, qui n'est jamais très loin…

9   Non, on ne sait pas réellement qui est « toi ». On peut dire que c'est une femme, mais la femme est à la fois île, oiseau, lettres, pages, création poétique… Elle est nommée par l'absence, le vide, le rien, la perte. Elle est absence, maintenue et dite par le pouvoir du langage, apostrophée par le poète (toi/ton/ta/te/tes). Mais ces mots ne renseignent en rien sur la personne : ce sont des traces de discours qui entretiennent un lien avec l'absence/l'absente. B. Gamaleya joue sans cesse sur la polyphonie des mots, leur homophonie, les sonorités, brouille les frontières grammaticales (« inverse » : adjectif ou verbe ?) créant des réalités inattendues, qui déstabilisent la perception commune. L'incertitude du sens est l'orchestration, la mise en mots et en musique de l'impossibilité du poète à saisir l'absente, devenue Absence.

Didier Daeninckx (p. 142)

❶ Ce passage est extrait de *Cannibale*. Il peut être question d'hommes qui mangent d'autres hommes, d'anthropophages. Le singulier du titre peut concerner un seul homme ayant ce genre de pratiques ou un terme générique concernant ce comportement.

❷ Nous sommes le 1er mai 1931, à la veille de l'inauguration de l'exposition coloniale par des personnages historiques, le Président de la République, Paul Doumergue et le maréchal Lyautey, dont la plus grande partie de la carrière se fit dans les colonies. L'évènement est grandiose et à la gloire de l'entreprise coloniale française.

❸ Grimaut annonce que les crocodiles, l'une des attractions de l'exposition, sont morts.

❹ Grimaut est l'adjoint d'Albert Pontevigne, haut-commissaire à l'exposition coloniale. C'est le chef de Grimaut.

1   Les points d'exclamation, d'interrogation, de suspension, la répétition de « morts » et la gradation indiquée par « plus » marquent l'étonnement du haut-commissaire. L'agacement se retrouve dans le passage : « Vous vous rendez compte…Trois mois ! », avec l'apostrophe de Grimaut : « Vous vous rendez compte… », la répétition de « Trois mois » qui souligne le long temps qu'il a fallu pour récupérer les crocodiles. Enfin la dernière partie de sa réplique traduit son inquiétude : il se demande ce qu'il va raconter au président et au maréchal, deux personnalités nettement au-dessus de lui dans la hiérarchie sociale et dont dépendent la place qu'il occupe et sa future promotion. Ce qui est drôle, ce sont les questions qu'il pose : « Qu'est-ce qu'on (…) cassoulet ? ». Il ne peut pas imaginer que la mort des crocodiles ait d'autres causes que la nourriture qu'on leur a donnée. L'auteur accentue le trait stéréotypé et ethnocentrique du personnage en lui faisant citer deux plats du terroir français, le cassoulet et la choucroute, particulièrement lourds et indigestes pour des estomacs non habitués. Le ton est sans doute violent.

2   Les passages narratifs sont : « L'adjoint sortit (…) le front. » ; « Grimaut esquisse un sourire. » ; L'adjoint (…) l'autre. ». Il sort un mouchoir de sa poche et se tamponne le front, il essaye de sourire et se dandine d'un pied sur l'autre. Tous ses gestes traduisent son malaise et son inquiétude. Le haut-commissaire appelle l'adjoint par son nom de famille, marque de la supériorité sociale du premier et Grimaut interpelle le haut-commissaire par son titre, précédé de « Monsieur ».

3   Grimaut aura « une centaine de bêtes en remplacement, pour la cérémonie d'ouverture. » L'emploi du conditionnel « devrait » montre son incertitude. Puis au fur et à mesure qu'il parle, il glisse vers la certitude : « j'aurai » est au futur et « ils arrivent » au présent. Lorsque Grimaut dit : « Ils arrivent par la gare de l'Est, par le train de nuit », on

a l'impression que les crocodiles ont pris le train tout seuls, comme des personnes. À la question concernant leur provenance, il répond « D'Allemagne... », comme s'il était évident que des crocodiles soient originaires de ce pays. Quant à la réponse à l'interrogation : « vous les avez attrapés comment... », « Au téléphone », elle devient tout à fait surréaliste. Les deux hommes sont dans un décalage complet, chacun questionnant et répondant par rapport à sa propre réalité.

4. Le haut-commissaire ne peut pas concevoir que les crocodiles puissent être allemands et il n'a pas tort ! Son étonnement et son incompréhension sont donc complets. Le terme « teutons » est péjoratif et donc méprisant par rapport aux Allemands.

5. C'est le cirque allemand de Francfort-sur-le-Main qui a permis à Grimaut de trouver la solution : depuis deux ans, les crocodiles étaient sa principale attraction, son spectacle privilégié, mais les spectateurs s'en sont lassés. Les propriétaires du cirque cherchaient un nouveau spectacle pour faire revenir la clientèle. Nous sommes face à une réalité économique. Quand le haut-commissaire demande avec inquiétude à Grimaut s'il ne s'est pas trop engagé, il parle de sa place de haut fonctionnaire français et pense sans doute à des engagements qui concerneraient l'État français.

6. Grimaut a échangé les Canaques pour les crocodiles. Habituellement, on prête et on rend de l'argent, des objets. Ici, on prête et l'on rend des hommes pour des bêtes. Réponse libre.

7. Réponse libre.

François Cheng (p. 144)

❶ L'histoire se déroule en Chine, au XVIIe siècle. C'est la fin de la dynastie des Ming, correspondant à une période de bouillonnement et de bouleversement culturels. L'Occident était présent avec les premiers missionnaires jésuites venus dans le pays.

❷ Le personnage est Dao-sheng, un médecin itinérant. Il revient dans son village après trente ans d'absence. Il a été banni par un homme puissant car il osé, homme pauvre qu'il était, aimer une femme socialement différente. Il retrouve cette femme, et la lune symbolise leurs retrouvailles et le bonheur éprouvé. Réponse libre.

❸ Ce sont Dao-sheng et Lan-ying ; ils sont amants. Ce mot signifie en général que deux personnes s'aiment sans pour autant vivre ensemble. Dans le texte, il garde son sens ancien de « qui aime et est aimé en retour ». Les sentiments sont réciproques mais les deux personnes ne se sont jamais approchées l'une de l'autre.

❹ Ils ont environ une cinquantaine d'années.

1. Le mot répété est « visage ». Il symbolise la reconnaissance de l'autre, l'identité. Les groupes de mots accompagnant ce terme : « la plus grande énigme qu'est un visage, c'est par le visage qu'on reconnaît et aime l'autre, ce visage dont on a rêvé durant une longue vie ». Pour le narrateur, le visage représente un mystère, quelque chose d'inconnu qu'il faut découvrir, un moyen d'aimer l'autre, en l'occurrence Lan-ying dont il a rêvé dans sa jeunesse et pendant son exil.

2. Les amants ne se connaissent pas vraiment. Ils n'ont jamais pu « se regarder » de près, s'approcher. Ils l'ont fait « furtivement », en cachette pour n'être vus de personne. Sans doute étaient-ils surveillés. Réponse libre.

3. Cela signifie prendre le temps d'observer, d'aimer un être, son visage, en toute tranquillité, sans peur. « Caresser » signifie plus que regarder, il implique plus de profondeur dans la relation entre deux personnes, plus d'intimité. L'acte de regarder « vraiment » permet d'approcher l'âme de l'autre (« l'effluve de l'âme qui affleure par les yeux »), acte

sublime qui ne renvoie plus au monde concret mais à celui des sensations, des idées. Pour Dao-sheng, chaque trait du visage (yeux), si on le regarde « vraiment », est une manifestation de l'âme.

4   Au moment de la rencontre, quand le visage de Lan-ying se donne à voir (« livré »), il a changé par rapport au souvenir qu'en avait l'homme : il est devenu plus « poignant, épuré ». « La clarté nocturne » renvoie à la nuit, à la pleine lune. Cet oxymore est constitué d'un nom qui signifie la lumière et d'un adjectif qui renvoie à l'obscurité, à la nuit. Cette figure permet d'exprimer une contradiction, un paradoxe, produisant un effet inattendu.

5   Il est plus pur (« épuré »). Avant, l'homme avait un air « guindé », il n'était pas naturel, jouait un rôle, faisait tout pour plaire aux gens de sa société. Il était fier de lui (« suffisance »). Il parlait avec facilité (« faconde »). Seule demeure sa passion, son amour pour Lan-ying. Il n'est qu'amour.

6   Lan-ying a un visage marqué par la mélancolie, la tristesse, symptômes révélateurs d'une vie rude, difficile. Réponse libre.

7   Le visage de la femme a « quelques rides », elle a quelques cheveux « argentés (presque blancs); tout ce qui compose les traits (sourcils, yeux, lèvres, le contour du visage) ne semblent pas altérés, comme si elle était restée éternellement jeune. La métaphore (cheveux d'argent), le choix du lexique (simplicité lumineuse, rêve intact, trésor unique), l'énumération (la succession de groupes de mots entre virgules), le comparatif (bien plus émouvante) mettent en valeur la femme et son caractère exceptionnel. Au contraire, ce qui marque le visage de l'homme, ce sont les rides, les traits plus accentués (traits burinés) qui ressortent. La description de ce dernier est très rapide, moins poétique que celle de la femme.

8   Le regard est ébloui par la beauté de la femme, par le bonheur des retrouvailles. L'amour fait qu'« on ne voit plus rien », sauf la pureté des perles, la lumière du satin bleu (peut-être le ciel, l'azur). Le mystère de l'amour absolu. Dans la culture chinoise, la perle est née est eaux et de la lune ; Elle renvoie au principe du Ying (la terre, le féminin) ; le bleu est la couleur du Yang (le masculin, le ciel, l'immortalité).

Marie Nimier (p. 146)

❶ Réponse libre.

❷ C'est Roger Nimier. On peut penser que c'est son père, son frère, un parent.

❸ Il s'agit du père mort. Elle aurait pu écrire, voilà vingt ans, un livre sur les conditions de sa mort, mais elle ne l'a pas fait. Si elle le faisait, elle le commencerait autrement. Sans doute a-t-elle voulu écrire cette histoire sous un angle particulier et elle a changé d'avis.

1   « Je dirais » ; c'est le conditionnel présent. La narratrice est dans l'hypothèse.

2   Marie Nimier se définit comme la fille d'un « enfant triste, d'un enfant des circonstances ». De son père, elle garde l'image d'un enfant, pas celle d'un homme. Roger Nimier a écrit *Les enfants tristes*, titre qui renvoie à cette image que sa fille se fait de lui.

3   Homme brillant, Roger Nimier a eu une vie « fulgurante » (1925-1962) : il est mort jeune. Il est d'origine bretonne, a fait de brillantes études, vit à Paris, s'engage dans l'armée en tant que hussard, devient écrivain et meurt dans un accident de voiture. Ses amis étaient Antoine Blondin et Déon, tous deux écrivains également. Il était hostile à la littérature « engagée » de gauche, à l'existentialisme de Sartre.

4   Pour elle, le hussard est « un militaire du genre... violence » et « Un garçon avec une voiture », ces deux définitions s'opposent à celle de « Pour mieux comprendre » :

il s'agit d'un « soldat de la cavalerie légère ». M. Nimier réorganise sa définition en fonction de la vie qu'a pu mener son père : un homme à la fois doux, rêveur, violent, enfant aimant les voitures. Tout est subjectif.

5 Elle décide de recopier la présentation d'un livre de poche mais en l'arrangeant à sa manière. « Une prédestination à l'ellipse et au raccourci » signifie un destin, une vie qui va à l'essentiel : l'homme n'a pas tout vécu. L'autre expression est « l'urgence de ce destin éclair ». La date de naissance/mort, le lexique (« ellipse, raccourci »), la succession de virgules à l'intérieur d'une même phrase insistent sur la rapidité qui a marqué la vie de cet homme, sa brièveté.

6 Dans ce segment de phrase, la présentation du père rend compte du peu de temps qu'il a vécu : un seul pronom personnel (« il »), une succession d'actions sans pour autant reprendre de sujet : « fait, s'engage, entre et meurt ». Il y a un effet de rapidité, d'ellipse. La vie du père est racontée en moins de deux lignes (presque une seule phrase !).

7 Roger Nimier a écrit des romans « insolents », peut-être provocants au regard de la morale de l'époque. Il s'opposait aux intellectuels de gauche qui considéraient la littérature comme un engagement. Réponse libre.

8 Sans doute le père considérait-il sa fille comme une enfant silencieuse, muette. Marie Nimier veut peut-être exorciser, mettre à distance ses relations (quasi inexistantes) avec un père absent. Cependant, le prénom donné à sa fille, en référence à la reine à qui on a coupé la tête, peut inquiéter, déranger, car il renvoie à la violence et à la mort. Le rôle de l'écriture sert à faire resurgir le passé, mieux l'analyser et s'observer soi-même.

Azouz Begag (p. 148)

❶ A. Begag joue sur l'homophonie « piqueur »/ « pique-cœur ». L'instrument fait des trous dans le sol, mais il est aussi dangereux pour la santé. Dans « pique-cœur » il y a à la fois la tendresse pour le père (cœur) et la tristesse qu'éprouve le fils face à la vie de son père : une vie de travail pénible, harassant. Ce qui fait mal au cœur, qui « pique » le cœur, renvoie peut-être aussi au peu de considération de la société française pour les travailleurs immigrés.

❷ C'est la ville de Lyon qui est citée. Cet homme était un travailleur immigré algérien.

❸ C'est un « je » qui s'exprime. Le texte a un caractère autobiographique.

❹ Il n'avait plus d'air, ne pouvait plus respirer car la foule était « compacte », trop nombreuse, trop dense. Les synonymes sont : un groupe, une multitude, une masse.

1 Les noms qui signifient « groupe » sont : smala, tribu, communauté. Seul le premier est d'origine arabe. Les italiques de « communauté » soulignent l'ironie du narrateur : il lui donne le sens de « smala », « tribu », mot péjoratif pour les français tout en lui accordant l'acception plus large de « groupe social dont les membres vivent ensemble et ont des intérêts communs ». Ce mot désigne aussi les communautés étrangères qui vivent en France. Dans le contexte décrit par A. Begag, l'individu n'existe pas.

2 *Nous* participait ; *Je* recevait ; *Nous* (…) répondait ; *Je* (…) accouchait ; *Nous* (…) allait. Habituellement, ces mots sont des pronoms personnels. Ici, ils sont employés comme noms. « je » et « nous » deviennent des entités, une réalité tangible. Le « nous » insiste sur le groupe qui est soudé et répond d'une seule voix : il renvoie aux Arabes. L'individu « je » n'a pas de place, est étouffé par le groupe compact : il renvoie aux Français et à leur individualisme.

3 C'est une personne (« Je ») qui reçoit l'invitation, mais c'est toute la famille (« Nous ») qui se rend au mariage. L'humour d'A. Begag joue sur la précision exagérée (quatre, cinq, parfois

dix personnes) et le décalage. L'effet de nombre est détaillé en note de bas de page, comme dans un ouvrage scientifique. Le vocabulaire familier participe aussi à l'humour (« se pointait ») ainsi que la référence à la Peugeot, voiture prisée des travailleurs immigrés parce que grande et pas chère lorsqu'elle était achetée d'occasion. Pour les Français, cette voiture fait partie des stéréotypes attachés aux travailleurs immigrés. L'arrivée d'une dizaine de personnes à la place de l'unique qui était invitée pose effectivement des problèmes : le repas n'était peut-être pas prévu pour un surnombre d'invités, le logement non plus. Le style appartient au domaine de la gestion et de l'organisation de l'entreprise. Là encore, il y décalage entre le récit de l'anecdote (une histoire familiale) et le style choisi pour le raconter. La situation est effectivement drôle, mais on ne peut s'empêcher de penser à l'embarras de ceux qui invitent, partagés entre la joie de recevoir toute la famille, l'embarras devant cet afflux inattendu et le fait de ne pas faillir à la légendaire hospitalité orientale.

4 Le débordement d'affection de « Nous » lorsque « Je » accouche est traduit, une fois encore, par le surnombre des visiteurs qui arrivent en même temps (« six ou huit personnes), collés les uns aux autres (« par grappes »), par le nombre successif de leurs visites (« trois jours durant »). Tout est excessif (« les mains pleines ») : la quantité de cadeaux, de gâteaux, la taille des bouquets (« énormes »), le nombre des visites. « L'heureuse maman » est totalement épuisée, mais elle doit respecter les règles sociales du groupe : elle est obligée (« contrainte ») de faire bonne figure, de sourire.

5 C'est un « Je », vraisemblablement une femme française, qui se met en colère : la chambre est minuscule, elle aimerait bien pouvoir respirer, mais les « Nous » envahissent tout l'espace. La réaction de cette personne est présentée au style indirect libre, qui efface les verbes introducteurs du discours et donne l'impression que les paroles ne sont pas exclusivement portées par le sujet mais représentatives du groupe des « Je », qui s'oppose aux « Nous » et est solidaire, à un certain niveau, du « Je » de l'autre jeune femme qui vient d'accoucher, comme elle. Les paroles qui ont été prononcées (« si ça ne dérange personne ») explosent dans la narration comme si le lecteur assistait à la scène ». La seconde personne, l'infirmière, « supplie » les visiteurs d'espacer leurs visites. Ce verbe n'a pas de connotation agressive.

6 La réaction des « Nous » est agressive. La relation affective est tellement débordante qu'ils en oublient l'endroit où ils se trouvent et ne « vivent » que l'évènement qui est important pour eux (la naissance d'un enfant). Le vocabulaire insiste sur la violence de la réaction (« retrousse ses manches ; se rebiffe ; traite la Blanche… ; s'envenime ».), mais cette violence est désamorcée par la caractéristique de la locutrice : « genre pétroleuse ». Les ponctuations marquent la dimension affective du discours, rapporté sans trace de sujet ni verbes introducteur. Une fois encore, les paroles explosent, cette fois-ci dans le camp adverse. L'agression ressentie par les « Nous » est immédiatement traduite en termes de racisme alors qu'il n'y a là qu'incompréhension de part et d'autre et fatigue chez le « Je » qui a accouché. A. Begag veut sans doute montrer la difficile communication entre les personnes porteuses de fragments culturels différents, qui devient conflictuelle dans un lieu symbolique comme l'hôpital, investi de manière différente par les gens.

7 Réponse libre.

Agota Kristof (p. 150)

❶ Le titre est *C'est égal*, qui veut dire « cela revient au même, cela n'a pas d'importance ». Il s'agit d'un recueil de nouvelles, de courts récits.

❷ Réponse libre. On peut penser que la nouvelle va s'organiser autour d'une invitation importante.

❸ Le texte est essentiellement composé de parties dialoguées, suivies de courtes parties narratives.

❹ Il est question d'un mari, mais on ne sait rien de lui. Il rentre du travail, un vendredi soir, et a l'air content (« l'humeur gaie »). Sans doute va-t-il lui-même organiser une soirée en l'honneur d'un membre de sa famille, ou va-t-il inviter sa femme à dîner dans un bon restaurant. La réponse est libre.

❺ Il s'agit de l'anniversaire d'une femme, celle du mari, sans doute, qui doit avoir lieu le lendemain (samedi). C'est un moment important qui fête la naissance d'une personne. La réponse est libre. Le mari propose de faire une fête, d'inviter des copains. « On » inclut le mari et sa femme.

1 Apparemment, le mari se montre attentionné : « chérie ; Ton petit cadeau, je te l'offrirai… ; qu'est-ce qui te ferait plaisir ? ». Mais il paraît très maladroit car on ne dit pas « je te l'offrirai à la fin du mois, je suis un peu serré en ce moment. ». Quand il s'agit d'un événement tel qu'un anniversaire, on s'arrange, en général, pour faire plaisir à l'autre. Cependant, on peut se dire que la vie conjugale permet ce genre de « maladresse ».

2 Par l'adverbe « déjà », la femme rappelle qu'elle a une montre. Son mari la lui a peut-être achetée : l'adverbe soulignerait alors qu'il ne s'en souvient plus. Elle reprend « genre haute couture ». « Genre » est entre des guillemets qui indiquent qu'elle réutilise la même expression mais la met à distance. « Genre » haute couture ne signifie pas « haute couture », mais un vêtement qui ressemble à ce que créent les hauts couturiers, sans en coûter le prix. Le point d'exclamation renforce sans doute l'agacement de la femme face à un mari qui lui propose un ensemble faussement haute couture et qui ne voit pas qu'elle a tout simplement besoin de « pantalons et d'une paire de sandales ». L'homme abdique, ne discute pas : « Comme tu voudras. » Cependant, il ne fera pas l'effort de l'accompagner pour choisir ce dont elle a besoin : « Je te donnerai l'argent et tu choisiras ce qui te plaît. » Peut-on encore parler de cadeau ?

3 Le mari tient absolument à organiser une fête et à inviter « un tas de copains ». On peut penser que c'est une bonne intention, qu'il veut faire plaisir à sa femme. D'ailleurs, il lui propose d'aller se faire belle chez le coiffeur et lui assure de s'occuper des préparatifs de la fête.

4 Elle oppose un refus déguisé. On a l'impression qu'elle est habituée à ce genre de fêtes : « Tu sais (…) ces fêtes avec un tas de copains ». De plus, ce genre de soirée la fatigue : elle doit sans doute tout faire, être serviable, disponible, s'occuper de tous les invités. Elle préférerait « aller dîner dans un bon restaurant ».

5 L'expression veut dire que les restaurants coûtent très cher. Le mari a dit précédemment qu'il n'avait pas d'argent : « je suis un peu serré », « Je te donnerai l'argent (…) seulement à la fin du mois ». Il manque d'élégance, de savoir-vivre et de tendresse.

6 Il propose de lui offrir un bon dîner à la maison. Tous les verbes sont au futur : « occuperai, feras, sera, auras, ferai, fera », temps qui annonce les événements comme à venir, proches et réalisables. Ici, le mari fait des promesses qu'il est sûr de tenir : il prend l'engagement de tout organiser, de s'occuper de tout.

7 La négation restrictive « ne… que » insiste sur le caractère exceptionnel de la situation : le jour de son anniversaire, la femme ne fera rien, sinon s'asseoir. Le mari fera même le service « pour une fois », indiquant par là que toutes les autres fois, c'est la femme qui le fait. Réponse libre.

8 L'appellation de « monsieur » au lieu du nom est ironique, distante, un peu méprisante. La personne est réduite à la différenciation sexuelle, qui est aussi une différenciation dans la répartition des tâches ménagères. Ce court paragraphe, composé de cinq phrases très courtes, produit un effet d'extrême concision. Le style est resserré, l'information est réduite à l'essentiel. Tout est dit, fait en l'espace de deux lignes. On a une trace d'oralité « adore ça », qui peut rappeler le discours indirect libre (l'auteure reprendrait les mots du personnage). Il y a ellipse : l'auteure fait le choix de ne pas apporter de détails.

9 C'est le présent de narration qui domine (« surgit, va, tient, écoute, retentit, doit, crie, rit, rappelle, vantent… ») ; il produit un effet de réel : le lecteur a l'impression d'assister à ce qui se passe.

10 La femme n'intervient jamais directement, mais on sent sa présence lorsque son mari s'adresse à elle. Sa dernière intervention se trouve au début de la nouvelle : « Tu sais… restaurant. ». Seul le mari garde la parole pour donner des ordres : la réplique 5 le montre clairement : « Tu ferais bien de mettre la table… », alors qu'il avait promis de tout faire. Le mode des verbes est le conditionnel passé « tu aurais dû ; tu aurais pu », exprimant un reproche et le conditionnel présent, exprimant une demande polie (« pourrais-tu »).

11 L'homme n'a pas du tout tenu son engagement : il passe des promesses (« je m'occuperai de tout ») aux ordres (« Tu ferais bien de mettre la table ; va faire du feu… »), aux reproches (« tu aurais pu …penser aux apéritifs »). Il a rapidement oublié ses engagements. Il se comporte comme il en a l'habitude et attend de sa femme qu'elle fasse de même. Son attitude est inélégante, il n'a aucune considération pour elle.

12 Cette phrase s'oppose à « Je m'occuperai de tout ». Indirectement, il veut faire comprendre à sa femme qu'elle n'a pas fait « son travail », alors que lui s'est occupé des courses (c'est d'ailleurs la seule chose qu'il fera avec la cuisson des côtelettes !). Pour lui, faire les courses semble représenter l'unique tâche dans l'organisation d'une soirée. Tout ce qu'il n'a pas fait est imputé à la femme. Il se décharge de la responsabilité de ce qui manque et adopte la position de la personne accablée par les tâches multiples à accomplir : « je ne peux pas tout faire. » On peut dire qu'il est de mauvaise foi. On peut aussi dire qu'il ne se détache pas de ses comportements habituels, qu'il attend que sa femme assume une fois de plus l'intendance. Il est égoïste et a l'attitude des gens qui font exceptionnellement ce que les autres font quotidiennement : ce qu'ils ont oublié, ce qu'ils ne parviennent pas à réaliser, est la faute des « autres ». On peut aussi dire que la femme a laissé s'installer ce genre de comportement.

13 Le mari s'adresse à sa femme en lui donnant des ordres, soit impératifs : « va faire du feu, prends aussi des amandes, fais vite, va vite », soit déguisés : « si tu pouvais venir après pour éplucher les pommes de terre ; veux-tu bien les laver ? pourrais-tu m'apporter… ». Il s'adresse aussi à elle à travers de faux constats, déguisant les reproches : « tu n'as pas encore mis les pommes de terre… ». L'image de l'homme est peu sympathique. Il n'a pas d'égards pour sa femme, il est inélégant et reste prisonnier de ce qu'il est : un roitelet domestique, incapable d'organiser seul une soirée, par manque de générosité, d'imagination, et sans doute d'amour.

14 Le mari nomme le voisin « machin », qui peut être remplacé par « chose ». Il ne connaît pas le nom de cette personne ou ne s'en souvient plus. S'il connaît le nom de la personne et ne s'en souvient plus, il ne fait aucun effort pour se le rappeler (la répétition de « machin »). Pour lui, le voisin est seulement « un voisin », et non une personne singulière, et à cet instant précis, il peut servir à quelque chose : prêter du ketchup. Apparemment, le mari a peu d'ouverture sur les autres. Ce voisin n'est pas non plus spécialement sympathique : sa générosité n'est pas sans compensation. Il offre le ketchup, mais impose à Madeleine le récit « de ses misères de la journée, celles de la vie en général. », réalité qu'elle connaît bien puisqu'elle ressemble, de toute évidence, à son quotidien. Réponse libre.

15 En une seule phrase, trois actions se succèdent : la sonnerie retentit, les invités sont là, la femme doit redescendre. De nouveau, il y a ellipse, tout va très vite et Madeleine fonctionne comme une mécanique. En écrivant *madame*, l'auteure produit un effet de miroir par rapport à « monsieur ». Elle aussi est réduite à une fonction sexuée, donc sociale, tout comme l'homme, même si le travail domestique est différent. En fait, dans ce récit, ce ne sont pas les individus singuliers qui intéressent l'auteure, mais les deux éléments d'une même entité : le couple et son fonctionnement. Cependant, seule la femme, et non l'homme, est dotée d'un prénom, comme si cette dernière parvenait à sauvegarder une parcelle d'individualité dans la médiocrité de sa vie.

16 Pendant la soirée, l'ambiance est agréable, chaleureuse : on boit, on rit, on doit apprécier les côtelettes, mêmes si elles sont un peu trop cuites. Personne n'oserait faire de reproche à l'homme qui a entrepris une telle action ! C'est le mari qui reçoit tous les compliments de la part de ses copains, qui, eux non plus, ne se distinguent pas par l'élégance de leur propos : tandis qu'ils « vantent les mérites de l'homme qui a tout fait, tout organisé. », s'extasient devant un mari exceptionnel (« en or »), s'appesantissent sur la durée du mariage (« quinze ans »), les seules paroles adressées à Madeleine, de manière insistante, concernent son âge : « On rappelle un peu trop souvent… ». Réponse libre.

17 La nouvelle se clôt sur Madeleine qui se retrouve seule une fois les invités rentrés chez eux. Le mari « ronfle sur le canapé ». « épuisé, le pauvre » sont employés de façon ironique. C'est Madeleine qui est seule, face à tout ce qui reste à faire : effacer les traces de la soirée pour que l'appartement soit propre le lendemain. Le paragraphe est composé de trois propositions séparées par des virgules. Le sujet grammatical, « Madeleine », ouvre la phrase, puis les verbes et les compléments d'objet direct les complètent. L'accent est mis sur les actions qu'exécute le personnage. On a l'impression que tout est fait mécaniquement, sans penser, par habitude. Réponse libre.

18 La dernière phrase crée un effet de surprise et d'ouverture. Madeleine interrompt ses tâches mécaniques (« Avant de se mettre à la vaisselle ») pour aller se regarder « longuement dans le miroir ». Elle suspend son activité de bonne ménagère pour observer son visage, peut-être pour se rassurer sur sa beauté, sa jeunesse qui perdurent et/ou pour examiner les stigmates du temps. Elle rompt avec sa fonction de femme au foyer et se rappelle qu'elle est une femme.

1 Réponse libre.
2 Agota Kristof décrit l'univers d'un couple banal, ordinaire, sans histoire. Les personnages ne s'aiment pas réellement, mais ne se détestent pas non plus. Ils ont pris l'habitude de vivre ensemble et chacun remplit le rôle qui lui est attribué, sans se poser de questions. L'épisode de la soirée d'anniversaire est peut-être une fêlure pour la femme, un début de prise de conscience de la vanité de sa vie.
3 Réponse libre.

N° de projet : 10276060 – Dépôt légal : septembre 2019 – N° d'impression : F21/60865N
Imprimé en France en juin 2021 par l'Imprimerie Maury S.A.S. à Millau (12)